Uwe Bogen | Patrick Mikolaj

Das gibt es nur in Stuttgart

Uwe Bogen | Patrick Mikolaj

Das gibt es nur in Stuttgart

Silberburg-Verlag

Die Autoren:
Der gebürtige Stuttgarter **Uwe Bogen** ist Redakteur und Kolumnist bei der »Stuttgarter Zeitung« und den »Stuttgarter Nachrichten«. In Tübingen hat er Politik und Germanistik studiert. Für seine Arbeit wurde er mit dem Lokaljournalistenpreis der Konrad-Adenauer-Stiftung geehrt. Bisher hat Bogen 13 Bücher verfasst, darunter drei Romane. Auf seiner Website www.uwe-bogen.de ist er als Blogger aktiv. Im August 2012 hat er im Internet das Geschichtsprojekt »Stuttgart-Album« gestartet. (www.facebook.com/Album.Stuttgart).

Patrick Mikolaj – geboren in Kirchheim unter Teck – ist heute mit Herzblut Stuttgarter. Seit 2012 betreibt der gelernte Kaufmann den erfolgreichen Blog »Unnützes Stuttgartwissen« (über 37 000 Facebook-Fans). Bisher verfasste Mikolaj acht Bücher, die sich mit der baden-württembergischen Landeshauptstadt befassen. Auf großen Zuspruch stoßen auch die Stadtführungen seines Blogs.

1. Auflage 2017

Umschlaggestaltung: Björn Locke, Nürtingen.
Druck: Gulde-Druck, Tübingen.
Printed in Germany.

ISBN 978-3-8425-2013-4

Besuchen Sie uns im Internet und entdecken Sie
die Vielfalt unseres Verlagsprogramms:
www.silberburg.de

Inhalt

Stuttgarter Kulturtrümpfe

Stuttgarter Käpsele

Vorwort

Wir haben das Urmodell für viele Fernsehtürme weltweit. Bei uns gibt's eine Stadtbibliothek, die im Inneren aussieht wie ein überdimensionaler Apple-Store. Unsere Höhen über dem Talkessel sind aussichtsreich. Unsere Automuseen locken allein schon mit ihrer futuristischen Architektur internationale Gäste in Massen. Wir Stuttgarter haben so viel Grün und so viel Mineralwasser wie kaum eine andere deutsche Großstadt. Und was wir vor allem haben, ist das Glück, in so einer Stadt leben zu dürfen.

»Die größte Überraschung«, sagt Max Hägler, der langjährige Baden-Württemberg-Korrespondent der »Süddeutschen Zeitung«, sei für ihn gewesen, »wie schön Stuttgart ist.« Dennoch hat er etwas auszusetzen. Die Stadt habe so viel Originales, da müsse man sich nicht kleinmachen. Mehr Selbstbewusstsein wünscht er uns. Das ist keine Kleinmacherei, lieber Kollege, das ist Understatement, also sympathisch, verdammt!

Bei allem Hang zur Bescheidenheit wollen wir in diesem Buch aufzeigen, warum Stuttgart trotz Feinstaub, trotz seiner vielen Baustellen und trotz der ewigen Staus eine Stadt zum Verlieben ist. »Das gibt es nur in Stuttgart« – wie oft man dies doch hier ausrufen kann! Es freut uns, wenn wir die Stadtkenntnisse selbst von alteingesessenen Stuttgarterinnen und Stuttgartern verbessern können. Und den Neuzugängen in unseren Reihen wollen wir gute Gründe fürs baldige Wohlfühlen liefern und ihnen geheime Ecken ans Herz legen, die nicht in den gängigen Stadtführern stehen.

Erstmals für ein Buch über Stuttgart haben sich die Macher von zwei Blogs zusammengetan, die zu den größten in Stuttgart zählen. Als Autoren des »Unnützen Stuttgartwissens« und des »Stuttgart-Albums« sowie als Kolumnist der »Stuttgarter

Nachrichten« und der »Stuttgarter Zeitung« befassen wir uns seit vielen Jahren mit der Stadt, über die »bento«, das junge Internetportal von »Spiegel online«, schreibt, wenn der Feinstaub sich lege, sei sie die »schönste Stadt der Welt«.

So hoch greifen wir nicht. Wir lassen die Stiftskirche im Kessel und den Fernsehturm in Degerloch. Aber gerade weil wir große Stuttgart-Fans sind, schmerzt es uns umso mehr, dass hier so vieles nicht rundläuft. Neben den »Stuttgarter Hochgefühlen« gehören deshalb auch »Stuttgarter Streitfälle« in dieses Buch, wie Sie, liebe Leserinnen und Leser, in den Kapitelüberschriften sehen werden. Wir wollen Sie nicht mit dem Aneinanderreihen trockener Zahlen und Fakten ermüden, sondern Ihnen eine spannende und unterhaltsame Lektüre bieten, auf dass Sie das Buch nicht aus der Hand legen mögen. Und wenn Sie dann am Ende der Seiten angekommen sind, haben Sie hoffentlich Lust, rasch aufzubrechen, um Stuttgart neu zu entdecken.

Patrick Mikolaj und Uwe Bogen

BW Bank
vodafone
KARSTADT sports
GALERIA

Stuttgarter Hochgefühle

Der Fernsehturm – eine alte Liebe lebt neu auf

Das ewige Rauf und Runter in dieser fast bis in den Himmel ragenden Touristenattraktion war jäh gestoppt worden – von einem Mann, der unten im Kessel hockt. Jetzt, da Gefahren für Leib und Leben der Besucher offiziell gebannt sind, beteuert OB Fritz Kuhn gern: Eine Marketing-Aktion sei die Schließung des Fernsehturms nicht gewesen, obwohl die Besucherrekorde nach dem Neustart Raffinesse vermuten ließen. Dass der Grüne wenige Wochen nach seinem Amtsantritt im März 2013 dem Leuchtturm Stuttgarts das Licht ausgeknipst hat, habe wirklich nur am mangelnden Brandschutz gelegen. Nach dem Umbau erlebte der Turm, das Urmodell vieler Fernsehtürme weltweit, einen Boom, wie es ihn nur in der Anfangszeit gab. Gut zehn Monate nach der Wiedereröffnung vom Januar 2016 konnte bereits die Besuchermarke von 500 000 geknackt werden – früher kamen etwa 300 000 Gäste im Jahr.

Wahre Liebe erzeugt Sehnsucht. Wie sehr hatten die Fans des eleganten Giganten darunter gelitten, dass der Stolz der Schwaben fast drei Jahre lang geschlossen war.

Linke Seite: Königstraße vom Turm des Hauptbahnhofs aus gesehen.

Der Fernsehturm auf dem Hohen Bopser.

Charles C. Urban, Leiter des New English American Theatre in Stuttgart, wohnt direkt »gegenüber«. Sein Küchenbalkon im obersten Stockwerk eines Hauses im Westen ist sein »Logenplatz zum Fernsehturm-Gucken«, wie er sagt. Täglich hat er das berühmte Zeugnis der Ingenieurbaukunst im Blick. Während der Schließung sei Stuttgarts Wahrzeichen, auf dessen Aussichtsplatte er oft mit Gästen fuhr, zu einem »funktionslosen Teil der Hügelsilhouette« geworden.

Unbeleuchtet, erstarrt, traurig, wie abgestorben – aber doch stand der Betonhüne immer aufrecht wie 'ne Eins. Urban fotografierte ihn vor allen denkbaren Himmelskulissen, mit immer neuen Wolkenformationen – auch in jener traurigen Phase, als der Theatermann »qualvoll« spürte, da ist kein Leben mehr drin.

Seit der Turm neu erwacht ist, kommen täglich bis zu 3000 zahlende Gäste. Die neuen, strengen Sicherheitsregeln verlangen, dass maximal 320 Menschen gleichzeitig oben sein dürfen. Kein Wunder, dass bei schönem Wetter unten die Schlange wächst.

Alle Kabel im Turminneren sind flammenhemmend »umkapselt«. Die Besucher sehen dies nicht. Was ihnen nach dem Umbau als Erstes aufgefallen ist, ist ein neuer, großer Souvenir-Shop im Foyer. Für den Brandschutz muss der Bereich des alten Kartenhäuschens freigehalten werden. Nicht mehr die Aufzugsfahrer verkaufen Tickets, sondern neues Personal, das gleichzeitig Turmdevotionalien unter die Leute bringen soll. Der SWR ist happy über dieses neue Zusatzgeschäft.

Am Wahrzeichen verdienen kann aber jeder. Geschützt ist nur das offizielle Turmlogo. Abbildungen, Zeichnungen oder Entwürfe aller Art laufen unter der »Panoramafreiheit« – jeder kann sie in seinem Firmenlogo oder auf seinen Waren verwenden. »Wir würden gern Lizenzgebühren verlangen«, heißt es beim SWR, »aber die vielen Geschenk- und Souvenirartikel sind auch Werbung für einen Turmbesuch.«

Die Brandschutzkrise ging an den Souvenirverkäufern spurlos vorbei. »Alles, was mit dem Fernsehturm zu tun hat, läuft immer – egal ob er auf oder geschlossen ist«, hört man im 0711-Laden beim Rathaus. Dort gibt es unter anderem eine 16 Zentimeter große Plätzchen-Ausstecherform, mit der jeder seinen eigenen Fernsehturm backen kann.

»Da müssen Menschen rauf«, hatte einst der 1999 verstorbene Bauingenieur Fritz Leonhardt gesagt, als der Süddeutsche Rundfunk nur einen schmucklosen Stahlgittermast für die Fernsehübertragung auf dem Hohen Bopser über dem Stuttgarter Talkessel auf 483 Metern Höhe bauen wollte. Leonhardt hatte Mühe, die »Herren vom Rundfunk« zu überzeugen. An der Form seines Turms, an der genialen Mischung aus »Schornstein, Turm und griechischer Säule«, so erzählte der Erbauer später, habe seine Frau einen »entscheidenden Anteil« gehabt. Sie habe alle Entwürfe begutachtet. Frauen hätten ein viel feineres Empfinden, sagte er.

Stuttgart und sein Wahrzeichen – zunächst ist viel gespottet worden. Der am 5. Februar 1956 eröffnete Turm ähnle einer »langen Bohnenstange mit Bienenkorb«, war damals zu hören. Leonhardts Schöpfung wurde als »Schandmal« oder als »Fremdkörper in der schönen Waldlandschaft« beschimpft. Doch kaum durften die Stuttgarter hoch, haben sie ihn ins Herz geschlossen. Es sollte eine Liebe werden, die ewig hält.

Nur wenige wissen, dass die Fernsehantennen seit Jahren stillgelegt sind. Für den Frequenzbereich des terrestrischen Fernsehens sind diese nicht mehr geeignet. Der Stahlgittermast hätte umfangreich umgebaut werden müssen. So wurde die erforderliche Technik 2006 auf den benachbarten Fernmeldeturm der Telekom verfrachtet. Aber die digitalen Radioprogramme werden noch immer vom Stuttgarter Star mit seinem nun falschen Namen über leistungsfähige DAB-Antennen ausgestrahlt.

Der Fernsehturm müsste heute Radioturm heißen. Die Stuttgarter lieben ihn und freuen sich, wenn sie von weit her nach Hause kommen. Auf der Autobahn sehen sie den guten, alten Vertrauten aus der Ferne. Endlich daheim!

Das Hochhausbad vom Asemwald – Kraulen im 21. Stock

Mit 37 Elefanten überquerte der Feldherr Hannibal im Jahr 218 vor Christus die Alpen. Kaum ein anderer antiker Kriegsschachzug fasziniert die Menschheit bis heute noch so wie dieser. Könnte der legendäre Heerführer und Stratege in unsere Zeit reisen, würde er sich die Augen reiben, was in Stuttgart alles möglich ist und seinen Namen trägt. Hannibal wird die Wohnsiedlung im Asemwald genannt, einem Stadtteil im Stadtbezirk Plieningen, in der das Große und Außergewöhnliche zuhause ist. Schwimmen in den Wolken – das, verehrter Hannibal, war einst selbst hoch oben in den Alpen nicht drin.

Das gibt es nur in Stuttgart. Das einmalige Hallenbad befindet sich auf 75 Meter über dem Erdboden, im 21. Stockwerk einer vertikal organisierten Betonstadt. Die Aussicht ist ein Genuss, wenn man erst mal im flackernden Licht des Stahlaufzugs oben im 20. Stock angekommen ist und ein weiteres Stock-

werk zum Schwimmbad hochsteigt. Da will man erst mal nach draußen schauen, ehe man sich ins Wasser stürzt. An schönen Tagen reicht die Sicht bis zur Schwäbischen Alb.

Mit seinen »monströsen Bienenwaben«, wie es beim Bau in den 1960er-Jahren hieß, und den anonym wirkenden Eingängen zu den gewaltigen Baukörpern ist der Asemwald nicht jedermanns Geschmack. Die etwa 2000 Menschen, die hier leben, rühmen die Wohnqualität und das Miteinander. Von den 1137 Wohnungen sind etwa 70 Prozent eigengenutzt. Die restlichen Wohnungen sind vermietet.

Das Wasser im Höhenbad ist knapp dreißig Grad warm. 50 bis 60 Gäste kommen am Tag – es sind überwiegend Senioren, aber auch Familien oder Großeltern mit ihren Enkelkindern. Es geht gediegen zu. Seitliches Einspringen ist verboten. Wer hier seine Bahnen in dem neun auf 14 Meter großen Becken zieht, kann dies problemlos auch beim Rückenschwimmen tun. Das Panoramabad mit Sauna und Dachterrasse ist werktags außer montags von 9 bis 19.30 Uhr geöffnet, samstags bis 16.30 Uhr, sonntags bis 13 Uhr. Der Badebetrieb ist gelegentlich durch Kurse eingeschränkt. Bewohner des Asemwalds haben ermäßig-

Wohnstadt Asemwald auf der Filderebene, umgeben von Wäldern und Äckern.

ten Eintritt. Ob Hannibal schwimmen konnte, ist nicht überliefert. Er musste über die Alpen, nicht übers Mittelmeer.

Der Birkenkopf – schöner lässt sich nicht auf Stuttgart herabschauen

Auch das ist ein Alleinstellungsmerkmal: Auf keine andere deutsche Großstadt lässt sich so einfach herabblicken wie auf Stuttgart – in diesem Fall jedoch nur im positiven Sinn. Den Blick von einer der zahlreichen Aussichtsplattformen über den Stuttgarter Talkessel schweifen zu lassen, ist etwas ganz Besonderes. Die Stuttgarter wissen das, und so treibt es sie Wochenende für Wochenende hinauf in luftige Höhen. Besonders beliebt ist bei den Einheimischen der 511 Meter hohe Birkenkopf. In einer Spirale zieht sich ein Waldweg den kegelförmigen Berg zu einem der höchsten Punkte der Stadt

Blick auf den Stuttgarter Talkessel vom Birkenkopf.

hinauf. Der Birkenkopf befindet sich am westlichen Ende des Stuttgarter Talkessels und wuchs in den Nachkriegsjahren um weitere 40 Meter in die Höhe, als man die Kriegstrümmer der zerstörten Stadt hier hinaufkarrte.

Auf der Spitze dieses Trümmerbergs – im Volksmund seither »Monte Scherbelino« genannt – errichtete man ein Gipfelkreuz, das selbst von der Innenstadt aus noch gut zu erkennen ist. Der Schutt wurde anschließend mit Erde bedeckt, damit sich die Natur den künstlichen Hügel einverleiben konnte. An seine Entstehung erinnern jedoch noch immer zahlreiche sichtbare Gebäudetrümmer als Mahnmale auf der Spitze des Berges. Der Gipfel des Birkenkopfs liegt mehr als 260 Meter über der Stuttgarter City. Dieser Höhenunterschied bietet eine absolut einmalige Aussicht, die den »Monte Scherbelino« zu einem beliebten Ausflugsziel macht. Von hier aus sieht man nahezu die komplette Innenstadt. Nur ein paar Stadtteile entziehen sich, auch aus dieser Höhe, den neugierigen Blicken der Ausflügler. Sie verbergen sich hinter den zahlreichen Bergrücken, die sich von allen Seiten in den Talkessel schieben. Bei der Rundumschau wird einem auch bewusst, wie grün Stuttgart ist. Der Talkessel wird von Hügeln mit großen Waldflächen eingefasst und dadurch auch von vielen anderen Stadtbezirken abgetrennt. Das gesamte Stadtgebiet kann nur von einem einzigen Punkt aus überblickt werden, von der Mutter aller Aussichtspunkte – dem Fernsehturm.

Die Grabkapelle – ein Mausoleum für die württembergische Lady Di

»Selig sind die Todten, die in dem Herrn sterben! Sie ruhen von ihrer Arbeit, denn ihre Werke folgen ihnen nach.« Dass sich auf der Nordseite der Grabkapelle Württemberg diese Inschrift befindet, wissen nur wenige. Denn alle zitieren immer nur einen Satz, der über dem Eingang prangt: »Die Liebe höret nimmer auf.«

Der Innenraum der Grabkapelle auf dem Württemberg. Unter dem runden Gitter im Boden liegt die Grabkammer.

Das Mausoleum mit genialer Sicht aufs Neckartal ist eines der beliebtesten Ausflugsziele der Region. In der Gruft, wo der untreue Gemahl, König Wilhelm I., unbedingt an der Seite von Katharina, seiner zweiten Frau, ruhen wollte, hallen die Töne virtuos nach – bei einem siebenfachen Echo.

Noch heute legen Fans von Katharina Blumen an ihr Grab auf dem Württemberg. 1816 ist die Zarentochter nach Stuttgart gezogen, wo sie Gutes tat, zur Königin der Herzen wurde – und wie Lady Di jung starb.

Mit 30 Jahren ist die temperamentvolle Frau mit dem sanften Blick an einer Gürtelrose gestorben. Bläschen am Mund sollen eine schwere Entzündung ausgelöst haben, lautet die wissenschaftliche Erkenntnis heute. Die romantische Version geht freilich anders: Als die Königin im Januar 1819 in einem offenen Pferdewagen von Scharnhausen nach Stuttgart fuhr, soll sie sich erkältet haben – zuvor hatte sie im Gestüt auf den Fildern ihren Mann mit seiner Geliebten, der Hofschauspielerin Amalie von Stubenrauch, erwischt.

Als Lady Diana mit 36 starb, war sie sechs Jahre älter als die Zarentochter bei deren Tod. Beide haben Benachteiligten geholfen und wurden vom Volk geliebt. Katharina Pawlowna war im April 1816 von Russland nach Stuttgart gezogen – im »Jahr ohne Sommer«. Die Hungersnot war groß. Von ihrer Mutter hatte sie gelernt, dass sich Aufstände verhindern lassen, wenn man die Lebensumstände des Volkes verbessert. Katharina besorgte Getreide aus Russland, engagierte sich sozial – von Oktober 1816 an als Königin. Nach dem Tod Friedrichs I. hatte ihr Mann, Wilhelm I., den Thron bestiegen.

Was für ein Pech für Freunde des Intrigenspiels, dass es damals weder »Bild«-Zeitung noch »Brisant«-Magazine gab. Boulevardjournalisten würden Schnappatmung bekommen, könnten sie heute über so ein amouröses Durcheinander bei den Königs berichten. Was sich am englischen Hofe zugetragen hat, ist kalter Tee dagegen.

Die erste Frau von Wilhelm hieß Charlotte von Bayern – sie hat dem Charlottenplatz in Stuttgart zum Namen verholfen (er ist nicht nach Königin Charlotte benannt, der Frau des letzten Württemberg-Königs, wie oft zu hören ist). Die Ehe soll nie »vollzogen« worden sein, so heißt es, und wurde kinderlos geschieden.

Wilhelms dritte Frau hieß Pauline, die Mutter des späteren Königs Karl. Über drei Jahrzehnte hatte der König eine Geliebte: die Schauspielerin Amalie von Stubenrauch, die im Hoftheater als »zur Fleisch und Blut gewordener Poesie« triumphierte. Doch das Herz des Königs gehörte Katharina, der er an der Stelle der Württemberg-Stammburg eine Grabkapelle als Beweis einer ewigen Liebe bauen ließ. Sein sehnlichster Wunsch war es, an ihrer Seite zur Ruhe gebettet zu werden. Seine dritte Frau Pauline ahnte nichts. Erst nach Offenlegung des Testaments wusste sie, dass der Vater ihrer Kinder, mit dem sie über

40 Jahre verheiratet war, nicht mit ihr ins Grab wollte, sondern mit Katharina, mit der er wegen ihres frühen Todes nur drei Jahre zusammenleben konnte. Pauline war, würde man heute sagen, not amused.

Seit dem 11. Jahrhundert sind die Württemberger namentlich bekannt. Zu dieser Zeit ließen diese auch ihre Stammburg auf dem Gipfel des Rotenbergs über dem Neckartal erbauen. Zunächst als »Wirtinsberker« bezeichnet, änderte sich der Familienname über die Jahrhunderte zu Wirtenberg, Wirtemberg und schließlich zum heutigen Württemberg. Die Burg Wirtemberg wurde zweimal durch Angriffe zerstört und immer wieder aufgebaut. Als Stammburg hatte die befestigte Anlage jedoch bereits Anfang des 14. Jahrhunderts ausgedient, als die Grafen von Wirtemberg schließlich das Alte Schloss in Stuttgart zu ihrer neuen Residenz ausbauen ließen. Die Burg auf dem Rotenberg blieb jedoch bis zum 19. Jahrhundert im Besitz der Adelsfamilie. 1819 ließ König Wilhelm I. den längst zerfallenen Familienstammsitz schließlich abreißen und an seiner Stelle eine Grabkapelle für seine verstorbene Gattin Katharina errichten. Der Name Württemberg hatte sich als offizielle Bezeichnung für das gesamte Reich erst ab 1803 durchgesetzt. Außer dem Königreich selbst benannte König Wilhelm II. rund 100 Jahre später den Rotenberg – die Wiege des Herrschaftsgebiets – offiziell in Württemberg um.

Besonders schön ist es beim Fest der Russisch-Orthodoxen Kirche unten in der Gruft der Grabkapelle. Wenn der Chor singt, kommt die Gänsehaut von ganz allein.

An zahlreiche Wohltaten denken viele, wenn von der Zarentochter, der Enkelin von Katharina der Großen, die Rede ist. In ihren drei Stuttgarter Jahren hat sie viel erreicht. Etliche Institutionen gehen auf sie zurück: etwa das Katharinenstift und das Katharinenhospital in Stuttgart, die Württembergische Landessparkasse sowie das Wohlfahrtswerk für Baden-Württemberg.

Die Bewunderung für diese engagierte Frau, diese württembergische Lady Di – sie hält bis heute. Menschen lieben nichts so sehr wie die wahre Liebe. Denn die höret nimmer auf.

Die Weinsteige – Deutschlands schönste Einfallstraße

Wie kommt man am besten nach Stuttgart? Nun, die Einwohner würden wohl dazu raten, sich der staugeplagten Stadt lieber mit der Bahn zu nähern, Besuchern von weit her mit dem Flugzeug. Doch gibt es wohl keinen schöneren und beeindruckenderen ersten Kontakt mit Stuttgart als durch eine Anreise über die Neue Weinsteige, und dies ist nur mit dem Auto möglich. Wer zum ersten Mal die kurvenreiche Straße von Degerloch hinunter in die Innenstadt fährt, der wird die Augen kaum von der schönen Aussicht auf die Großstadt im Tal lassen können. Für uns ist es die schönste Einfallstraße in eine deutsche Großstadt.

Lange Zeit gab es nur eine einzige Verbindung zwischen den rund 200 Meter höher gelegenen Ortschaften auf den Fildern und Stuttgart im Talkessel. Diese Alte Weinsteige ist lediglich zwei Kilometer lang, wodurch sich Steigungen von bis zu 17 Prozent ergeben. Die Bauern transportierten ihre Waren auf diesem Wege hinunter in die Residenzstadt. Bis zu 16 Pferde waren als Vorspann eines Fuhrwerks für diesen Kraftakt nötig.

Die Neue Weinsteige, Stuttgarts Panoramastraße hoch über dem Talkessel.

Doch auch Frischluftsuchende trieb es aus der Stadt im Tal, die durch den Schornsteinqualm schon früher unter dicker Luft litt, hinauf nach Degerloch. Seinerzeit als Luftkurort genutzt, würde dem heutigen Stadtbezirk – dank der Bundesstraße 27 – dieser Titel wohl nicht mehr verliehen werden.

Als schließlich das Verkehrsaufkommen auf der schmalen Alten Weinsteige stark anstieg, wurde 1826 mit dem Bau einer zweiten, sanfter ansteigenden und wesentlich breiteren Verbindungsstraße begonnen. Diese sollte von Degerloch, entlang der südlichen Weinberge, bis hinunter zum Wilhelmsplatz, also vor die Tore der Altstadt, führen. Der Bau dieser Panoramastraße gilt als technische Meisterleistung, da die Route teilweise an steilen Hängen entlangführt. Nach fünfjähriger Bauzeit konnte sie – damals noch unter dem Namen Wilhelmstraße – eingeweiht werden. Da die Neue Weinsteige von 1904 an zudem von Straßenbahnen befahren wurde und das Verkehrsaufkommen weiter stieg, musste sie bis 1933 noch einmal verbreitert werden. Die Straßenbahn verbannte man kurz vor der Jahrtausendwende gänzlich von der Panoramastraße in einen parallel verlaufenden Tunnel, und so ist die großartige Aussicht heute lediglich den Autofahrern vorbehalten. Immerhin dürfen Fußgänger und Radfahrer darauf hoffen, dass sie bald nicht mehr wie ein Fremdkörper auf der stark befahrenen Straße wirken. In naher Zukunft muss die Stützmauer, die die B 27 am Hang fixiert, saniert werden. Schrittweise sollen so Gehsteige verbreitert und ein Radweg angelegt werden. Dass man damals die Straßenbahnen und nicht die Autos in eine Tunnelröhre verbannt hatte, bedauern heute viele im Gemeinderat. Denn auch in der Autostadt hat man nun begriffen: Aussicht ist für alle da!

Zahnrad- und Seilbahn – ÖPNV im Bergland

Manch einer bezeichnet Stuttgart auch als das deutsche San Francisco. Mag der Vergleich in Bezug auf die Lage der beiden Städte etwas hinken, bei der Topografie gibt es viele Parallelen.

Die Standseilbahn hat soeben die Bergstation erreicht.

Auch in der Hauptstadt von Baden-Württemberg sind die Straßen so steil, dass die Motoren der Stadtbahnen an ihre Grenzen geraten. Wie der ÖPNV auf Schienen im Bergland funktioniert, das kann man nur in Stuttgart studieren: Denn hier gibt es mit bis zu 8,5-prozentiger Neigung die steilste normalspurige Schienenstrecke Europas. Das bedeutet, sie kommt ganz ohne Hilfe von Zahnrädern oder Seilen aus. Die Linie U 15 überwindet diese Steigung in der Alexanderstraße und hat damit sogar der Schweizer Uetlibergbahn den Rang abgelaufen.

Ein Cable Car, ähnlich wie in San Francisco, gibt es in Stuttgart aber auch. Im Gegensatz zu ihren amerikanischen Verwandten verkehrt diese Seilbahn jedoch nicht auf der Straße, sondern rattert in einem eigenen Gleisbett von Heslach hinauf in den Degerlocher Wald. Dort wurde 1913 nämlich Stuttgarts größter Friedhof angelegt. Selbst die Toten finden in dieser Stadt ihre letzte Ruhestätte auf einem Berg. Die Lage dieses Waldfriedhofs machte für dessen Besucher den Aufstieg zu den Gräbern zu einem mühevollen Akt. Abhilfe konnte hierbei erst 1929 mit der Einweihung der Standseilbahn geschaffen werden. Diese deutschlandweit erste vollautomatische Seilbahn wurde von Anfang an von den Stuttgarter Straßenbahnen betrieben, diente jedoch als einzige ihrer Linien ausschließlich dem Transport von Hinterbliebenen. Im Volksmund bekam die Seilbahn daher schnell die Spitznamen »Erbschleicher-Express« oder »Witwen-Express«. In weniger als vier Minuten überwindet dieser Express 87 Höhenmeter. Zwei aus Mahagoni- und Teakholz gefertigte Wagen setzen sich an der Tal- und Bergstation zeitgleich in Bewegung. In der Mitte der knapp 540 Meter langen, eingleisigen Strecke ziehen sie an einer Ausweichstelle gemächlich aneinander vorbei.

Gemächlich ist auch die Fahrt mit der Zahnradbahn – einer ganz besonderen Attraktion Stuttgarts. Die bereits erwähnte, extrem steile Alte Weinsteige hatte den Reisenden über Jahrhunderte einiges abverlangt. Erleichterung brachte da 1884 die Einweihung der Zahnradbahn, welche die alte Handelsstraße befahren sollte. Sie war die dritte ihrer Art in Deutschland und bekam von ihren Fahrgästen schnell den liebevollen Kosenamen »Zacketse«. Den heute gängigen Namen »Zacke« führte die SSB in den 1980er-Jahren selbst ein.

Zunächst zogen und schoben Dampflokomotiven je zwei Waggons den Berg hinauf und hinunter. Heute werden in der Zahnradbahn keine Güter für den Markt mehr transportiert. Sie ist nun ein reguläres öffentliches Verkehrsmittel, das Anwohner und Touristen gleichermaßen zu schätzen wissen. Touristisch wird die Zacke nämlich als Panoramabahn beworben, da die Aussicht auf den Stuttgarter Talkessel, die sich den Fahrgästen von der Strecke aus bietet, beeindruckend ist.

Wer mehr davon genießen möchte, der steigt an der Haltestelle »Haigst« aus und geht zum kleinen Santiago-de-Chile-

Platz hinüber. Das Straßenschild, das den imposanten Namen trägt, erscheint fast länger, als das Plätzle groß ist. Die bis dahin namenlose Aussichtsplattform am Rande der Weinsteige wurde im Jahr 2006 nach der chilenischen Hauptstadt benannt. Dies ist dem langjährigen Chile-Honorarkonsul Georg Kieferle zu verdanken, der unweit des Aussichtspunkts lebte. Als Pendant weihte man vier Jahre später in Santiago die Plaza-de-Stuttgart ein. Auffällig auf dem kleinen Platz ist die steinerne Statue eines Moai. Die kleine Ausgabe der weltbekannten Statuen erinnert an die Zugehörigkeit der Osterinsel zu Chile und genießt ebenfalls die tolle Aussicht auf das Treiben im brodelnden Talkessel. Ob der Moai mit der Zahnradbahn angeliefert wurde, ist hingegen nicht überliefert.

Der Bismarckturm – »der schönste weltweit«

Der Bismarckturm – hoch oben auf dem Kesselrand über der Stadt – ist eigentlich eine Bismarcksäule. Als der Entwurf des Architekten Wilhelm Kreis bei einem Wettbewerb 1899 gewann, wurde das Bauwerk noch als Feuersäule bezeichnet. Genau diesen Zweck erfüllte der Turm dann auch, als die Studentenschaft der Technischen Hochschule ihn 1904 errichten ließ. Dem 20 Meter hohen Bauwerk wurde eine quadratische Feuerschale aufgesetzt. Ein Gemisch aus Teer und Petroleum wurde zu Bismarcks Geburts- und Todestag sowie zum Reichsgründungstag entzündet. Eine Flamme bis zu fünf Meter hoch war dann weithin in der Region sichtbar.

Türme zu Ehren des Reichskanzlers, der 1898 gestorben ist, entstanden damals zuhauf im Deutschen Reich. Wilhelm Kreis' Modell »Götterdämmerung« wurde 47-mal umgesetzt. Jedoch bietet mit Sicherheit keiner dieser Türme einen so fantastischen Blick auf eine Großstadt wie das Stuttgarter Exemplar, weshalb der Bismarckturm auf dem Gähkopf auch einer der beliebtesten Aussichtspunkte der Stadt ist. »Es stimmt: Stuttgart ist viel schöner als Berlin« steht gleich mehrmals im Gästebuch

Vom Bismarckturm schaut man hinunter auf Stuttgart-West und die Innenstadt.

des Turms, dessen obere Plattform sich 429 Meter über dem Meeresspiegel befindet. An Tagen mit hervorragender Fernsicht kann man von hier aus bis zum Odenwald sehen.

Immer wieder kommt es vor, dass Liebespaare die Plattform des Bismarckturms mit einem Herz aus roten Rosenblättern schmücken. Vor allem bei jungen Türken, berichtet der Architekt und Turmwächter Hans-Christian Wieder vom Bürgerverein Killesberg, ist der Brauch beliebt, an diesem herausragenden Ort der Auserwählten die Heirat anzutragen.

Es sind viele internationale Gäste, die den Bismarckturm besteigen. »Unserer ist auch der schönste weltweit«, sagt Wieder. Seit 2002 sind die 92 Treppen hinauf frei zugänglich (in der Saison bis Oktober samstags von 15 bis 19 Uhr und sonntags von 11 bis 19 Uhr). Daran hat der Architekt großes Verdienst. Das Engagement der Bürger verhinderte Pläne der Stadt, die Kosten für die Sanierung des Bauwerks einzusparen und als Ruine stehen zu lassen. Von den 184 Türmen in Deutschland und 56 weltweit, die dem »Eisernen Kanzler« Otto von Bismarck vor über 100 Jahren gewidmet wurden, sind heute noch 173 erhalten.

Als Wasserspeicher ist der Turm von 1928 bis Ende der 1980er-Jahre genutzt worden. Längst sind Wasserpumpen so gut, dass man für die Versorgung des Killesbergs keinen Wasserbehälter in diesem kuriosen Bauwerk mehr braucht. Und 1944 saßen Funkbeobachter oben auf dem Turm, um frühzeitig Fliegeralarm zu melden.

Auf der Facebook-Seite des Geschichtsprojekts Stuttgart-Album (www.facebook.com/Album.Stuttgart) hat ein Kommentator geschrieben: »Was waren das für komische Zeiten, als Studenten einen Turm gestiftet haben?« Die Antwort kam prompt: »Komische Zeiten sind eher die, wenn man zum Feiern zum Turm geht und eine Müllhalde zurücklässt.«

Etliche Stuttgarter erinnern sich daran, wie sie hier als Kinder Drachen steigen ließen oder im Winter Ski fahren gelernt haben. Beliebt war der Platz schon immer an Silvester und für Schulfeiern.

Wer vom Stuttgarter Talkessel hinauf zum Bismarckturm steigt, weiß, was er geleistet hat. Die Anstrengung wird mit einem einmaligen Panoramablick belohnt. Den gibt es so nur in Stuttgart.

Schloss Solitude – kein Business-Club residiert so majestätisch

Auf einer aussichtsreichen Höhe befindet sich das Schloss Solitude. Ein Ausflug zu diesem Baudenkmal mit seinem herausragenden Architekturensemble bietet im Grunde alles, was man von einem romantischen Tag erwartet. Über eine lange Kastanienallee – vorbei an einer Pferdekoppel – gelangt man direkt zum kleinen Rokokoschloss, vor dem sich eine Picknickwiese mit weiter Aussicht ausbreitet und in dessen Kavaliersbau ein Café und das Restaurant von Jörg Mink zum Verweilen einladen. Das Schloss selbst kann bei einer Führung besichtigt werden.

»Die Solitude«, wie die Stuttgarter die gesamte Anlage liebevoll nennen, wirkt auf frisch Vermählte geradezu wie ein Magnet, wenn es um das Fotoshooting fürs Hochzeitsalbum geht. Für wen das kein Thema ist, kann von hier aus wunderbar zu einem weiteren verträumten Ort aufbrechen. Vom Schlossgelände gelangt man über einen rund drei Kilometer langen, schnurgeraden Waldweg durch den Rotwildpark zu einer Lichtung, auf der das Bärenschlössle – ein ehemaliger Jagdpavillon der württembergischen Herzöge – steht und zu Kaffee und Kuchen einlädt. Frisch gestärkt kann man sich von hier aus abermals auf den Weg machen, denn unterhalb des »Schlössles« befindet sich der Bärensee – einer von fünf miteinander verbundenen Waldseen, die zum Spaziergang entlang ihrer Ufer einladen.

Schloss Solitude ist der Beweis dafür, dass der schwäbische Geiz eine Mär ist.

Das Schloss Solitude ist übrigens ein 250 Jahre alter Beweis dafür, dass der sprichwörtliche Geiz der Schwaben eine Mär ist. Heute würde man sagen: Herzog Carl Eugen, der Erbauer des Schmuckstücks, hat's so richtig krachen lassen. Sein Hang zu Luxus und rauschenden Festen führte das Land an den Rand des Ruins. Horrende Summen verschlangen nicht nur seine Prachtbauten, sondern auch eine riesige Nachkommenschaft. 200 uneheliche Kinder sollen vom Herzog stammen.

»200 uneheliche Kinder schaff ich nicht mehr«, sagt der Wirt Jörg Mink, ein Schwabe mit Leib und Seele, der im Jahr 2008 auf der Solitude das gastronomische Zepter übernommen hat. Im Barockbau sucht man heute Mätressen vergeblich, doch noch immer werden Männer am »Treffpunkt der Macht«, wie die »Wirtschaftswoche« den hier ansässigen »Business-Club Stuttgart« bezeichnet, schnell mal leidenschaftlich.

Früher brauchte man Vitamin B – heute kommt's auf die richtigen Netzwerke an. In den Metropolen haben sich deshalb nach englischem Vorbild Business-Clubs gebildet, sich aber von den britischen Regeln entfernt. Hierzulande sind auch Frauen in den Zirkeln wichtiger Menschen gern gesehen. Und in Stuttgart ist der Business-Treff auch nichts für Menschen, die ihre Nase am liebsten hoch tragen. Dafür sorgt schon Jörg Mink mit seiner bodenständigen Art. Seine Frau Daniela Mink hat als Clubmanagerin viele Ideen für Kamingespräche, Ausflüge und mehr – neuerdings gibt es im ersten Stock ein Tagungszentrum –, weshalb der Stuttgarter Club mit über 300 Mitgliedern im Bundesvergleich als besonders aktiv gilt. Und kein anderer Business-Club in Deutschland hat einen so majestätischen Sitz.

Stuttgarter Streitfälle

Stuttgart 21 – oder die Erfindung des Wutbürgers

Am Tag der offenen Baustelle kann jeder einen Blick auf das Bahnprojekt »Stuttgart 21« werfen.

»Stuttgart 21 (auch kurz »S 21«) ist ein Verkehrs- und Städtebauprojekt zur Neuordnung des Eisenbahnknotens Stuttgart«, so steht's im Online-Lexikon Wikipedia. »Stuttgart 21« ist aber auch der größte Streitfall in der Geschichte der Stadt. Wer in der Republik die Autometropole nur flüchtig oder gar nicht kennt, weiß eines garantiert: In Stuttgart haben viele Bürger so viel Wut, dass das Wort »Wutbürger« zum Wort des Jahres 2010 geworden ist. Mit wütenden Bürgerinnen, die es natürlich auch gibt, kämpfen sie seit vielen Jahren gegen den geplanten Tiefbahnhof.

Bleibt die Frage, was, liebe Leserinnen und Leser, Sie am 17. Dezember 2022 um 9.07 Uhr vorhaben? Zehntausende haben diesen Termin für sich blockiert und via Facebook zugesagt, dabei zu sein – dann nämlich, wenn der neue Stuttgarter Bahnhof laut eines massenhaft geteilten Veranstaltungseintrags feierlich eröffnet wird.

Bis heute ein Symbol des Widerstandes: Solche Aufkleber gegen »Stuttgart 21« findet man sogar außerhalb Stuttgarts.

Natürlich hat nicht die Bahn dieses falsche Date ins Netz gestellt, zu dem sich immer mehr anmelden. Es war ein anonymer Scherzbold. Jörg Hamann, der Leiter Kommunikation des DB-Projekts Stuttgart–Ulm, erklärt dazu: »Uns freut sehr, dass sich bereits so viele für die Einweihung von Stuttgarts einzigartigem neuen Bahnhof anmelden wollen.« Im Dezember 2022 sei aber »hoffentlich dort der erste Zug längst abgefahren«.

So genau weiß man das aber nicht. Während die Kosten immer weiter steigen, rückt der Eröffnungstermin immer näher ran an den Sankt-Nimmerleins-Tag. Jeder klagt gegen jeden. Ein einzigartiger Vorgang: Die Bahn, also ein Staatskonzern, zieht im Streit um Mehrkosten gegen ein Bundesland vor Gericht. Und am Ende des Tunnels ist kein Licht in Sicht, nur ein Schatten, der über allem liegt. Wird »Stuttgart 21« weiter- oder womöglich sogar ausgezählt? Wird das Jahrhundertprojekt irgendwann mal Stuttgart 22 oder gar Stuttgart 23 heißen? Das Internet vergisst jedenfalls nichts und wird uns den 17. Dezember 2022, 9.07 Uhr, bis zu ebendiesem Tag und dieser Uhrzeit immer wieder vorführen.

Die Protestbewegung gegen »Stuttgart 21« war ein wichtiger Grund, warum die Grünen mit ihrem Spitzenmann Winfried Kretschmann im Mai 2011 an die Regierung kamen. Wie sich Politiker wandeln, sobald sie an der Macht sind und sich für die »Gesamtsituation« verantwortlich fühlen, lässt sich in Stuttgart eindrucksvoll studieren. Jahrelang waren die Grünen gegen »Stuttgart 21« und für mehr direkte Demokratie eingetreten. Kaum stellte die Öko-Partei zum ersten Mal den Regierungschef in einem Bundesland und setzte im November 2011 eine Volksabstimmung in Baden-Württemberg durch, war's aus mit dem einst geforderten Baustopp. »So ist Demokratie«, sagte Ministerpräsident Winfried Kretschmann nach der Wahl, »die Mehrheit des Volkes wollte S 21, also wird das jetzt gebaut.« Doch hat das Volk damals alles gewusst, was es heute weiß? Auch Kretschmanns Parteifreund, Stuttgarts OB Fritz Kuhn, war einst ein rhetorisch versierter Gegner von »S 21«. Heute sagt er, die vielen Bauaufträge seien gut für die Stadt. Nur müsse man zügig vorankommen. »Nicht hinter jedem Bagger sollte ein Anwalt stehen, der klagt«, findet der Grüne inzwischen.

Ein tiefer Graben zieht sich durch die Stadt. Auf Jahre wird sich daran nichts ändern. Und in den Sternen steht, wie viele Jahre es noch dauern wird, bis der erste Zug unterirdisch in Stuttgart ankommt. Wird es am 17. Dezember 2022 pünktlich um 9.07 Uhr sein? Und wann wird eigentlich der Stuttgarter Flughafen unter der Erde versenkt?

Die Feinstaub-Metropole – gibt es noch lange nicht in sauber

An Tagen mit viel Dreck in der Luft haben ältere Dieselfahrzeuge in Stuttgart von Januar 2018 an Fahrverbot. Die verantwortlichen Politiker brauchten viele Jahre, um sich zu dieser unpopulären Entscheidung durchzuringen. Die Vorgehensweise glich der Quadratur des Kreises. Wie soll man den Feinstaub bekämpfen, ohne die heimischen Autohersteller zu verärgern?

Der Ruf, in der City eine Dreckschleuder zu sein, schadet dem mühsam aufgebauten Image der Stadt. Andererseits: Dass man hier die Probleme nicht unter den Teppich kehrt, sondern sich zu seiner Misere bekennt, spricht für die Ehrlichkeit und Offenheit der Stuttgarter. An Verschmutzung leidet, als sei's eine späte Strafe und kein Zufall, eine Stadt, die man über Jahrzehnte für ihre Kehrwoche und ihren Sauberkeitswahn verspottet hat. Und die Ironie der Öko-Politik ist: Bei der Luftreinheit zählt ausgerechnet die von einem Grünen angeführte

Kommune zum Schlusslicht. Das ist mal ein Alleinstellungsmerkmal der anderen Art.

Auch wenn Oberbürgermeister Fritz Kuhn die Einhaltung der Grenzwerte nicht ohne Fahrverbote in den Griff bekommt, kaum jemand sich an den »Feinstaubalarm« hält, den die Stadt bei spezieller Wetterlage ausruft, so kann er wenigstens stolz darauf sein, dass mit dem Schadstoff- auch der Humorausstoß bei seinen Bürgern größer ist als andernorts: Touristen der Stadt oder einheimische Spaßvögel können für 4,95 Euro »Original Stuttgarter Luft« in Dosen kaufen. Auf dem Etikett der Dosenluft wird Stuttgarts Aroma wie folgt beschrieben: »Würzig nach Motoröl und Diesel, fruchtig nach Trollinger, prickelnd nach Mineralwasser, mit einer Prise Baustaub und einem Hauch von Waldluft.« Nicht zu übersehen ist der Warnhinweis: »Kann Lust auf Kehrwoche auslösen.«

Mit einem Einschweißgerät verpacken die Macher des Blogs »Unnützes Stuttgartwissen« die Luft in der Nähe des Neckartors – unweit einer berühmten Kreuzung, bei der die Staubwerte immer am schnellsten nach oben schießen und wo sich TV-Journalisten zuweilen in Schutzkleidung und mit Gas-

Kommt es zum Feinstaubalarm, wird er im Internet, im Radio und in der Zeitung angekündigt.

maske filmen lassen. Im Kessel zirkuliert die Luft ohne Hilfe des Windes kaum. Wenn Warmluft in höher liegenden Schichten die untere, kühle Luft abdeckelt, ist die Feinstaubbelastung dort höher, als die EU erlaubt.

Wer den Schaden hat, also zu viele Schadstoffe, muss also auch in diesem Fall für den Spott nicht sorgen. Darf es aber natürlich: Die Kommunikationsabteilung von OB Kuhn wollte sich cool geben, als sie einen Soundtrack mit Hits wie »Dust in the Wind« über den Musikdienst Spotify ins Netz stellte. Die städtischen Scherzbolde hatten ein wichtiges Lied allerdings vergessen. »Probier's mal mit Gemütlichkeit«, meinten Spötter, würde im Rathaus besser als Feinstaub-Hymne passen. Denn Abwarten und weiter im Dreck versinken war dort lange Zeit die Devise. Auf 1000 Einwohner der Landeshauptstadt kommen nach wie vor 550 Fahrzeuge. Viele haben zwei Wagen. Der Anteil der vollelektrischen Fahrzeuge ist verschwindend gering. Und um einen Autofahrer aus seiner fahrenden Komfortzone in Bus oder Bahn zu locken, müsste der Nahverkehr deutlich besser werden.

Ungewiss also ist, wann ein neues Etikett auf die besagten Dosen kommt. Die Aufschrift »Stuttgarter Luft – jetzt auch in sauber!« lässt noch lange auf sich warten.

Die Klett-Passage – unterirdisch im doppelten Sinn

Vom noblen Einkaufsparadies zum sozialen Brennpunkt: Die Klett-Passage unter dem Bahnhofsvorplatz gehört schon lange nicht mehr zu den Vorzeigeorten der Stadt, sondern ist zu einem Stuttgarter Streitfall geworden. Im Bauch des Bahnhofs rumort es gewaltig.

Als in den 1970er-Jahren die modernste Fußgängerzone der Unterwelt entstehen sollte, sprach von Feinstaub noch niemand. In der Autostadt gelang vier Rädern mit Motor alles – sie hatten Vorfahrt vor allen anderen Verkehrsmitteln. Die Straßenbahnen und Menschen sollten nicht stören und wurden in Tunnel und unterirdische Fußgängerzonen verbannt. Lange bevor das Bahnprojekt »Stuttgart 21« die Stadt gespaltet hat, ist in der Maulwurf-Metropole schon heftig gebuddelt und gebaggert worden.

Bereits 1961 hatte der Gemeinderat beschlossen, die zentralen Strecken des öffentlichen Nahverkehrs tieferzulegen. »Oben bleiben« rief damals noch keiner. Aber es traute sich auch niemand, die ersten Versuche des unterirdischen Vorwärtskommens als »U-Bahn« zu bezeichnen. Man nannte die neuen Linien »U-Straßenbahn« – denn die Wagen schauten immer wieder raus aus der Erde, als müssten sie Luft schnappen, ehe es wieder nach unten geht.

Am 9. April 1976 begann dann eine neue Zeitrechnung am Bahnhof: Nach fast 90 Jahren war der Vorplatz des Bonatz-Baus »straßenbahnfrei« geworden. Die U-Haltestelle »Hauptbahnhof/Arnulf-Klett-Platz« wurde von OB Manfred Rommel preisend mit einer schönen Rede eröffnet. Gleichzeitig feierte

Die Klett-Passage verbindet die Bahnsteigzugänge zu den Stadtbahnen und den S-Bahnen und ist zugleich Einkaufspassage.

die Stadt das »bundesweit modernste und größte Fußgängergeschoss« mit 32 Geschäften – die Passage, die nach dem früheren Oberbürgermeister Arnulf Klett benannt ist. Bis 22 Uhr durfte man hier Käufer erfreuen, was in den Anfangsjahren durchaus gelang. Schon bald wurden »nicht unerhebliche Umsatzsteigerungen« gemeldet.

Das ist alles lange vorbei. Heute wird die einst hochgelobte Klett-Passage gemieden. Eine so große Einkaufspassage, in der niemand mehr einkaufen will – auch das gibt es wohl nur in Stuttgart. Als »Willkommenstor vom Bahnhof zur Innenstadt« wird sie nicht mehr wahrgenommen. Die Klett-Passage ist einer der »Unorte« der Stadt geworden – unterirdisch im doppelten Sinn. Fast kann man froh sein, dass sie tiefergelegt ist, nicht sichtbar von oben. Mit »Stuttgart 21« soll die Klett-Passage mehr Höhe und mehr Tageslicht bekommen, damit keiner ihr mehr ausweicht.

Die schwäbische Kehrwoche – eine Pflicht, die keine ist

So tolle Kollegen, wie sie Frau Schmidt hatte, hat nicht jeder. Zu ihrem Abschied ließen sie sich was Originelles einfallen, um ihre Wertschätzung auszudrücken. Was schenkt man also einer Frau, die der Arbeit wegen von Berlin nach Stuttgart zieht?

Man schenkt ihr eine Kutterschaufel! Auf die hatten die alten Kollegen von Silvia Schmidt (Name geringfügig geändert) mit Filzstift ihren Namen gekritzelt. Zum Abschiedspräsent gehörte ein Handfeger aus Rosshaar. Mit einem schwäbischen Notfall-Set sollte sie für die Kehrwoche gerüstet sein, meinten die Kollegen. Die mussten im Unrat von Berlin bleiben, während Frau Schmidt sich anschickte, bei Daimler in Stuttgart Karriere zu machen.

Jetzt lebt sie schon seit einiger Zeit bei den Schwaben. Mit Sprüchen wie »Da gibt's sicher auch schöne Ecken« und »Hat

Das Kehrwochenschild wird in zahlreichen Treppenhäusern der Stadt von Mieter zu Mieter weitergereicht.

Stuttgart nicht ein tolles Ballett?« sei sie vor ihrem Umzug aufgemuntert worden, erinnert sich die Ex-Berlinerin. Die Namen auf der Kutterschaufel seien immer noch gut zu lesen. »Die Kutterschaufel«, sagt Frau Schmidt, »hängt wie neu in der Küche.« In ihrer Wohnanlage gebe es Hausmeisterservice.

1988 hat die Stadt Stuttgart die wöchentliche Kehrwochenpflicht abgeschafft, was in der Bevölkerung damals kontrovers diskutiert wurde. Ein Teil der Stuttgarter Bevölkerung bedauerte das Ende der Kehrwochenpflicht, die auf das 15. Jahrhundert zurückgeht, als jeder Bürger »seinen Mist alle Wochen hinausführen musste«, und sah damit die öffentliche Ordnung sowie die Sauberkeit der Stadt in Gefahr.

Aber das ist lange her.

Als Frau Schmidt in Stuttgart ankam, schenkten ihr die neuen Kollegen ein Stuttgart-Buch, auf dessen Rückseite stand: »Stuttgart ist ganz anders als sein Ruf.« Der Rest der Republik, war darin zu lesen, würde die Schwaben unterschätzen. Richtig ist: Wir Schwaben sind so, wie wir sind! Wenn Frau Schmidt nur lange genug hier bleibt, wird sie ebenso denken: Wahre Größe ist, wenn dir dein Ruf schnurzegal ist! Und nach »Stuttgart 21«

werden die Stuttgarter ohnehin den Ruf von Rebellen haben. Und keiner wird mehr Handfeger verschenken, sondern Schutzmäntel gegen Wasserwerfer.

Das Leonhardsviertel – eine Altstadt aus 50 traurigen Metern

Die romantische Verklärung eines Rotlichtviertels beginnt, wenn man eine Prostituierte »Liebesdienerin« nennt. Mit Liebe hat ihre Arbeit nichts zu tun. Das Stuttgarter »Amtsblatt« hat im Jahr 1956 noch die raue Wirklichkeit schöngeschrieben. »Obwohl das Meer und die Reeperbahn weit weg sind«, war darin zu lesen, »bekam die Leonhardstraße etwas von der Stimmung St. Paulis.« Anders der Maler Jürgen Leippert, dessen Atelier sich mitten im Leonhardsviertel befindet. Er ist ein Mann der klaren Worte. Wenn er vom »Städtle« spricht, wie man Stuttgarts kleine Altstadt nennt, spricht er von »50 traurigen Metern«, die uns auch so schnell niemand nachmacht.

Die Sozialarbeiterin Sabine Constabel vom Prostituiertencafé »La Strada« wird noch deutlicher. »Fast alle Frauen, die ich kenne, werden zum Anschaffen gezwungen«, sagt sie, »viele zerbrechen daran, psychisch wie physisch.« Sie prangert »moderne Sklaverei« an. Die meisten Prostituierten in Stuttgart stammten aus Osteuropa und würden von ihren Vätern, Brüdern, Cousins oder manchmal auch Müttern zum Anschaffen gezwungen, damit sie für die Familie das Geld verdienten.

Vorbei sind die Zeiten, da Handwerksbetriebe und Mostwirtschaften in diesem Quartier ein nachbarschaftliches Verhältnis zum Milieu pflegten, da man sie noch nicht aus den ältesten erhaltenen Gassen der Stadt vertrieben hatte. Gegen Menschenhandel und Zuhälterei hatten sie auf lange Sicht keine Chance, weil es aus dem Rathaus keine Hilfe gab.

Kann ein buntes Miteinander wie einst das Quartier retten? Hält die Ausgeh-Szene den Zerfall auf? Ein langsam wachsendes Gewicht gegen den Niedergang einer schützenswerten Ar-

chitektur könnten die coolen Bars sein, die sich hier parallel zum Sexgewerbe ansiedeln.

OB Fritz Kuhn hat das Leonhardsviertel jedenfalls zur Chefsache erklärt. Er will die Immobilienpolitik des Rathauses nun endlich ändern – mit zuletzt durchaus provokanten Mitteln. Seine Plakatkampagne im Jahr 2016 war höchst umstritten, als er Sätze wie »Nutten sind Menschen« und »Die Würde des Menschen ist auch beim Ficken unantastbar« aufhängen ließ – dummerweise auch vor Schulen.

Doch endlich befasst sich die Öffentlichkeit mit einem Viertel, das zu lange ignoriert worden ist. Über Jahrzehnte schien es die Politik nicht sonderlich zu interessieren, wie dort die historische Bausubstanz heruntergewirtschaftet worden ist. Während bis 2011 städtischer Streubesitz meist verkauft wurde, will die Verwaltung in der Altstadt künftig verstärkt als Käufer auftreten. Wohnen und milieufremde Gaststätten sollen gefördert werden.

Wer zurückschaut, stellt fest, dass das rote Licht im Leonhardsviertel erst nach dem Krieg anging. In den Ruinen rund

Plakate für die Rettung des Leonhardsviertels aus den 1970er-Jahren.

um die Leonhardskirche hatte sich damals das angeblich älteste Gewerbe breitgemacht. Die Stadt war ein Trümmerfeld, eine Ansammlung aus Behelfsläden und Behelfswohnungen – und auch die Luden und Altstadtwirte wussten, wie man sich behilft. Als »Vereinigte Hüttenwerke« zogen sie wie bei einer Kirmes ihre provisorischen Bauten hoch oder mieteten sich in den alten erhaltenen Häusern an der Leonhardstraße ein.

Lange bevor die Stadtautobahn das Viertel teilte und auseinanderriss, war der Leonhardsplatz bei der Leonhardskirche ein echter Platz. Bis 1910 fand hier, wie in alten Dokumenten nachzulesen ist, der »Krempelesmarkt« statt, eine Art Flohmarkt. Die Marktbuden waren an die Friedhofsmauern gebaut – 1799 hatte man den Friedhof, der sich an dieser Stelle befand, geschlossen. Am Leonhardsplatz versammelten sich frühmorgens Tagelöhner auf der Suche nach Arbeit – man nannte sie »Leonhardsschlamper«. 1912 ist auf dem Platz das Gustav-Siegle-Haus eröffnet worden. Eine nach dem Farbenfabrikanten mit ebendiesem Namen benannte Stiftung hatte das Haus von Theodor Fischer erbauen lassen, um »den Angehörigen der weitesten Kreise des Volkes den Zugang zu gediegener Bildung des Geistes und des Herzens zu erleichtern und zu eröffnen«.

Noch nicht so groß waren viele Jahre später die Kreise des Volkes, die AC/DC hier erreichte – nur 800 Besucher versammelten sich, als die australische Band 1977 das Sieglehaus rockte. Fürs Viertel ist dies bis heute ein legendäres Ereignis.

Die Rettung des »Städtle« ist ein alter Traum. Schon vor über 30 Jahren hingen Transparente mit Aufschriften wie »Rettet das Leonhardsviertel« über den Altstadtgassen. Seit kurzem gibt es neue Versuche, den Niedergang zu stoppen. »Unsere Altstadt darf nicht vor die Hunde gehen«, findet auch Zeitungskolumnist und Stadtflaneur Joe Bauer, der das »Schmuddelbankett« organisiert. Mitten auf dem Strich wird an einem Sommersamstag eine lange Tafel aufgebaut. »Die Leonhardstraße riecht selten nach Kehrwoche«, sagt er, »der Asphalt und einige Häuser sehen so mitgenommen aus wie die Frauen an der Ecke.« Die Gegend zähle zum historischen

Kern von Stuttgart, werde heute jedoch vor allem als »Hort der Elendsprostitution« wahrgenommen.

Etwa die Hälfte aller Häuser des Quartiers steht unter Denkmalschutz. Das hört sich viel an, ist es aber nicht. Während mit der Calwer Straße 1976 eine »Gesamtanlage« unter Ensembleschutz gestellt wurde, von der nur die Fassaden erhalten blieben, ist im Leonhardsviertel die historische Bausubstanz meist vorhanden. Ein wenig erinnert der Zustand an das benachbarte Bohnenviertel in den 1980ern und 1990ern. Das war in einem noch schlechteren Zustand als das Leonhardsviertel heute und ist nach der Sanierung zu einer begehrten und heimeligen Wohnadresse geworden.

Die »50 traurigen Meter«, von denen Altstadtmaler Jürgen Leippert spricht, sind eine fortwährende Anklage an die Stadt, endlich etwas zu tun.

Die Stadt der Baustellen – das große Wühlen im Untergrund

Ade Stuttgart! Die ganze Innenstadt scheint sich zu verstecken und sich wegzuducken. Vor lauter Baustellen sieht man die City kaum noch, kann sie nur erahnen.

Aus Protest dagegen haben sich Stuttgarter Kunst-Studentinnen vor einiger Zeit unverhüllt, nur mit weißen Stiefeln und weißem Helm bekleidet, bei einer Performance in den Weg gestellt. Mit den Nacktfotos spotteten sie über den Erneuerungseifer im Kessel. Als Justyna Koeke von der Medienwerkstatt der Kunstakademie Stuttgart so auf einem Betonpodest beim Wagenburgtunnel steht, ist sie vom Straßenverkehr umtost, schutzlos den Blicken der Auto- und Motorradfahrer ausgeliefert. Der Gedanke an ungeschützten Verkehr könnte aufkommen. Der Begriff »Safer Stuttgart« passt aber schon lange nicht mehr zu dieser Stadt. Wer mit seinem individuellen Verkehrsmittel unterwegs ist, muss sich höllisch konzentrieren, um Verzweigungen mitten auf einer Bundesstraße zu treffen, um im Schilder-Baustellen-Labyrinth die richtige Durchfahrt zu finden. Längst träumen die Ersten nachts von Umleitungsschildern.

Und dann das! Eine Nackte in weißen Stiefeln!

Alles war in wenigen Minuten beendet. Aufs Podest rauf, Klamotten runter, Fotos machen und weg! »Wir haben keine Unfälle verursacht«, versichert Justyna Koeke. Aber Zusammenstöße beim Thema Städtebau von neuem und altem Denken waren gewollt.

Ironie soll Streitverhärtungen aufbrechen und für Entkrampfungen sorgen.

Aus den Performances von sieben Studentinnen der Kunstakademie Stuttgart, die über diverse Baustellen mit nackten Brüsten und Hinterteilen hergefallen sind, ist der Wandkalender »Stuttgart under construction – Stuttgarts schöne Baustellen« geworden. Auf dem Titel ist der Fernsehturm zwischen den Schenkeln eines Models platziert.

Baustellen an jeder Ecke. Das Stadtbild verändert sich rasant.

Wer dies für geschmacklos hält, muss nicht gleich ein Spießer sein. Es sind die vielen Baustellen der Stadt – und es wird

nicht nur für »Stuttgart 21« gebaut, es gibt noch viel mehr Prestige-Bauwerke –, die kaum Entspannung zulassen. Die Menschen sind genervt, reagieren gereizt, haben die Nase voll von Dauerstau und Feinstaub. »Das Stadtbild ist von Chaos, Stau und nervösen Bürgern geprägt«, sagt Justyna Koeke. Über Behinderungen durch die vielen Baustellen könne man sich entweder ärgern oder sie »als Anlass zum humorvollen Aktionismus nehmen«.

Immer das Beste sollte man also daraus machen. Typisch Stuttgart. Sogar der Stau ist hier am schönsten. Und am längsten ohnehin: Selbst in Paris, Rom oder Los Angeles kommt man im Auto nicht stockender voran. Laut Navihersteller TomTom gehen den Stuttgartern im Jahr 89 Stunden ihrer Lebenszeit verloren. So lange hängen wir im Stau fest. Liegt's am Dauer-Stillstand, dass hier auch politisch wenig vorangeht? In Wahrheit härtet die Geduldsprobe ab, dieses ständige Stop-and-go.

Warum nicht auch Stadtwerber aus der Schwäche eine Stärke machen, bleibt ein Rätsel. In Degerloch könnte man ein Schild auf der vierspurigen Hauptverkehrsachse aufstellen, auf dem steht: »Willkommen im schönsten Stau der Welt! Oder wollen Sie doch lieber einen Park-and-ride-Platz nehmen?«

Wer ist schuld am ewigen Stau? Die Grünen? Die CDU? Schuld sind alle, die im Stau stecken. Schon die Fantastischen Vier haben gesungen: »Du stehst nicht im Stau, du bist der Stau.«

Männliche Studenten fanden sich übrigens nicht, um sich für den Kunstkalender im öffentlichen Raum auszuziehen – diesen Mut hatten nur Frauen. Doch ein Mann war's, der die Fotos nachbearbeitet hat. An den Körpern, die nicht durchgängig dem Schönheitsideal entsprechen, hat Grafiker Kleon Medugorac nichts verändert – dafür am Himmel. Mit seinem Wolkentuning will er die Betrachter »in Zukunftsträume« versetzen. Nach grauen Jahren könnten bunte in Stuttgart folgen.

Hoffentlich erkennen wir die Stadt noch, wenn in ferner Zukunft der letzte Bauzaun fällt – wie bei einem Strip die letzte Hülle.

Der Nesenbach – Stuttgarts tiefergelegte Verbindung zum Neckar

Stuttgart am Nesenbach – es sind die älteren Stadtchronisten, die diese Bezeichnung gern wählen. In Wahrheit liegt die Stadt nicht am, sondern über dem Bach, der seit langem zum Abwasserkanal heruntergekommen ist. Stuttgarts alte »Lebensader« ist schon seit Ende des 19. Jahrhunderts komplett aus dem Stadtbild verschwunden. Die Stadt, die gerade einen Bahnhof tieferlegt, hat damals sein zentrales Fließgewässer unter die Erde versenkt. So kommt es, dass andere Städte an der Elbe, an der Isar, an der Donau liegen, Stuttgart aber – und auch das gibt es nur bei uns – über einem Abwasserkanal.

Beim Nesenbach denkt der Schauspieler Boris R. Hauck an die Toilettenfrau, die davon träumt, so schön zu singen wie die Callas, aber dann nur Klobrillen schrubbt. Warum? Weil auch das holde Flüsslein eigentlich eine Diva sein wollte. Aus den Honigwiesen in Vaihingen entspringt es, führt aber wahrlich keinen Honig mit sich, wenn es runter in die Stuttgarter Unterwelt muss, um nach 13 dreckigen Kilometern im Klärwerk Mühlhausen zu enden.

»Ich, der Nesenbach – ein Fluss packt aus«, so heißt das Bühnenprogramm, mit dem Boris R. Hauck durch die Stadt zieht. Um das Schicksal des einstmals stolzen Gewässers geht es, um die schöne Zarentochter Katharina, die sich bei ihren Spaziergängen im Wasser des Bächleins spiegelte. »Selbst heute hat der Stadtfluss noch immer nicht seine Ruhe«, sagt Hauck, »für den Tiefbahnhof wird er erneut umgebettet.« Die Verlegung des überdeckelten Bachs unter den Bahnhofstrog war Voraussetzung für »Stuttgart 21«. Auch wenn es technisch kompliziert und bei Geologen umstritten ist – das Eisenbahnbundesamt genehmigte den Nesenbach-Düker.

Bei anderen Bauarbeiten, zum Beispiel für das Dorotheenquartier des Kaufhauses Breuninger, durfte der versteckte und verdreckte Fluss kürzlich noch einmal ans Tageslicht – also das, was von ihm übrig geblieben ist. Zu sehen war nur ein dickes

Rohr, das durch die Baustelle führte und unter einem Torbogen verschwand – der Bach, der mal die Lebensader der Stadt war, hat seine Freiheit längst verloren, dient aber dazu, heimlich den Dreck wegzuspülen. Der städtische Eigenbetrieb Stadtentwässerung Stuttgart führt dies bei Besichtigungen vor, die am Neckartor starten. Im Normalfall ist der Kanal halbvoll mit den Abwässern, die für die Kläranlage in Mühlhausen bestimmt sind. Regnet es stark, schwillt der Bach zu einem reißenden Strom an.

Über Jahrhunderte hinweg war der Bach ein wichtiger Trinkwasserlieferant. Doch mit jeder neu gefassten Quelle ist ihm immer mehr Wasser in seinem Oberlauf entzogen worden. Den Müllern fehlte deshalb das Wasser für ihre Wasserräder. Deren Beschwerde ist es zu verdanken, dass 1566 der Pfaffensee mit dem Christophstollen als Abfluss in der Heidenklinge angelegt wurde.

Weil das Gewässer besonders im Sommer zum Himmel stank, gab es 1778 die ersten Überdeckelungen. 1850 lebten 50 000 Menschen in Stuttgart – ohne Kläranlage. Gerber, Handwerker, Bierbrauer und alle anderen ließen ihre Abfälle, allerlei Unappetitliches, in den dreckigen Fluten verschwinden.

Aus dem Auge, aus dem Sinn? Seit Jahren setzt sich der Verschönerungsverein Stuttgart dafür ein, den Bach wieder freizulegen. Ein durch die Stadt plätscherndes Gewässer sei ein belebendes Element für die Innenstadt. Obendrein gäbe ein wieder aufgetauchter Nesenbach der Stadt ein Stück Identität zurück.

Beim Stichwort Nesenbach denken übrigens viele Stuttgarter an das Breuninger-U. Wer in Stuttgarts Edel-Kaufhaus im Untergeschoss vom Mittelbau zum Hochhaus will, muss Rolltreppen benutzen – kurz runter und gleich wieder hoch. Verantwortlich für den Umweg, den die Breuninger-Kunden hier nehmen müssen, ist der Nesenbach. Früher konnte man beim Runter- und Hochfahren Aquarien bewundern, aber das Wasser in den Aquarien war viel zu sauber, als dass es von dem Abwasserkanal stammen konnte.

Nicht viel besser steht es übrigens um den Neckar, in den der Nesenbach fließt. Als der Schwimmverein von Cannstatt 1898 gegründet wurde, gingen die Mitglieder zum Trainieren in kein Bad – damals war es noch normal, in den Fluss zu springen. Heute braucht man schon ein stabiles Immunsystem, um den Fluss ohne Darmleiden zu verlassen. Geografisch mag es richtig sein, dass Stuttgart heute am Neckar liegt. Vom Gefühl her ist der Fluss aber weit entfernt von der Stadt.

Die Kelten hatten den Strom »Wildes Wasser« getauft, Neckar heißt das in ihrer Sprache. Auch die Römer lebten schon dort, wo Stuttgarts größter Vorort Bad Cannstatt liegt. Stuttgart selbst aber, viel später gegründet, lag »nur« am Nesenbach. Erst 1836 mit der Eingemeindung von Berg wuchs die Residenzstadt an

Als der Nesenbach noch oberirdisch floss.

den Neckar heran, 1905 kamen Cannstatt und Münster hinzu. Von der wilden Kraft des Wassers ist im Neckar heute nicht mehr viel zu spüren. Auch er wurde gebändigt und kanalisiert.

In den 1920ern begann der Ausbau zur Schifffahrtsstraße. Damals konnten noch die Menschen zum Baden rein. Heute fehlt der Zugang für Schwimmer. Am Ufer sind Betonsteine, die den Ausstieg erschweren. Schwimmer sollen den Schiffsverkehr nicht stören. Bei seinem Amtsantritt 1997 hatte OB Wolfgang Schuster versprochen, den Neckar so sauber zu machen, dass er ihn noch während seiner Amtszeit zum Baden freigeben könne. Es ist nichts daraus geworden. Der Neckar aber bleibt laut Landesgesundheitsamt als Badegewässer »ungeeignet«. Auch wenn er sauberer ist als in den 1960ern. Als man kurz nach der Wahl von Oberbürgermeister Fritz Kuhn Proben aus dem Neckar entnahm, etwa bei den Mineralbädern, war das Ergebnis katastrophal: In acht von 18 Proben wurden Salmonellen nachgewiesen sowie in fast allen Proben Viren, die Darmerkrankungen verursachen.

Kuhn ist mit dem festen Willen als OB angetreten, den Neckar in die Stadt zu holen beziehungsweise die Stuttgarter mit ihrem Fluss überhaupt in Kontakt zu bringen. Einen »Masterplan Neckar« gibt es mittlerweile. Jedes Jahr soll eine »Neckarperle« realisiert werden. Die Stadt ist gespannt, wo im Neckar die Perlen funkeln. Vorbild dafür könnte Poppenweiler bei Ludwigsburg sein, wo die Renaturierung des Industrieflusses zum Teil schon gelungen ist.

Stuttgarter Schätze

Die Wilhelma – Alhambra am Neckar

Zuallererst: Stuttgart hat keinen Zoo, Stuttgart hat die Wilhelma. Zumindest käme kein Stuttgarter auf die Idee, mit den Kindern in den »Zoo« zu gehen. Die Wilhelma ist auch viel mehr als nur eine Ansammlung von Gehegen und Käfigen. Sie ist eine grüne Oase und ein architektonisches Schmuckstück, auf das die Stadt ganz besonders stolz ist. Zudem ist sie die meistbesuchte Sehenswürdigkeit Stuttgarts. Und das Beste daran (zumindest aus der Sicht der Stadt), sie bezahlt keinen einzigen Cent für den Unterhalt dieses Besuchermagneten, da die Wilhelma im Besitz des Landes Baden-Württemberg ist.

Der ursprüngliche Besitzer und Bauherr war König Wilhelm I. von Württemberg, der sich – aufgrund des reichen Mineralwasservorkommens – um 1829 ein Badhaus am Ufer des Neckars wünschte. Doch des Königs Privatbad-Pläne sollten schnell weit größere Dimensionen annehmen – eine weitläufige Gartenanlage inklusive. So wurde aus dem Badhaus eine komplette Schlossanlage. Im Hauptgebäude waren Schlaf-, Ess- und Wohnzimmer sowie ein Salon untergebracht. Ihm schlossen sich zu beiden Seiten lange Gewächshäuser an. Dem Hauptgebäude direkt gegenüber errichtete man einen prächtigen Festsaal. Alle Bauwerke waren durch einen überdachten Wandelgang miteinander verbunden.

Der Bau der gesamten Wilhelma-Anlage dauerte ganze 22 Jahre, da die Pläne immer wieder erweitert wurden. Für die Gebäude wählte Wilhelm I. den maurischen Baustil, der im 19. Jahrhundert in Europa sehr beliebt war. Vorbild sollte die

Palastanlage Alhambra im spanischen Granada werden. Um den orientalischen Stil der Anlage so authentisch wie möglich kopieren zu können, holte der König sich Rat bei einem Tübinger Orientalisten. Da es üblich war, einer solchen Anlage einen weiblichen Namen zu geben – die Bedeutung als privater Garten des Königs aber auch erkennbar sein sollte –, empfahl der Fachmann die Bezeichnung »el Wilhelmie«. Der Monarch war davon jedoch nur wenig begeistert und entschied sich stattdessen für den Namen »Wilhelma«. 1864 war die gesamte Anlage schließlich fertiggestellt – doch verstarb im selben Jahr auch ihr Bauherr, König Wilhelm. Erst sein Sohn Karl machte die Wilhelma von 1880 an gegen ein Eintrittsgeld auch den Bürgern zugänglich. Nach dem Ende der Monarchie wurde der Park zu

Der Seerosenteich der Wilhelma im maurischen Garten.

einem botanischen Schaugarten ausgebaut. Viel mehr Tiere als ein paar Rebhühner waren zu Königs Zeiten in der Wilhelma nicht zu finden.

Der Aufstieg zum zoologischen Garten begann erst in den 1950er-Jahren und wurde genau genommen »ertrickst«. In den Jahren nach dem Ende des Zweiten Weltkriegs wollte der Direktor Albert Schöchle die Parkanlage neu beleben. Hierfür organisierte er Ausstellungen mit exotischen Tieren. Die »Große Aquarienschau« erfreute sich ebenso großer Beliebtheit wie die Ausstellung afrikanischer Steppentiere und indischer Dschungeltiere. Nach jeder Ausstellung verblieben die Tiere in der Wilhelma. Den Bürgern gefiel das, dem Finanzministerium des Landes – dem die Wilhelma unterstellt war – gefiel es nicht. »Die wilden Tiere haben aus der Wilhelma zu verschwinden«, forderten sie. Direktor Schöchle jedoch war gerissen. Er suchte mit einem Löwenjungen den damaligen Finanzminister Frank auf und bat ihn, das Tier zu taufen. Der Minister ging auf diese öffentlichkeitswirksame Aktion ein und sprach sogleich ein Machtwort gegenüber seinem Ministerium. Der Zoo war geboren.

Heute ist die Wilhelma der zweitartenreichste Zoo und der einzige zoologisch-botanische Garten Deutschlands. Im bundesweiten Besucherzahlenranking aller zoologischen Gärten liegt der Stuttgarter auf Platz drei. Noch ein paar Wilhelma-Rekorde gefällig? Nicht nur das Aquarium ist weltberühmt, die Wilhelma ist seit 30 Jahren Aufzuchtstätte für Menschenaffenbabys aus ganz Europa. Über 60 Schimpansen- Gorilla-, Orang-Utan- und Bonobobabys, die von ihren Müttern verstoßen wurden, sind hier bereits aufgezogen worden. Heute ist man vor allem auf Gorillas spezialisiert. Und einer geht noch: Mit 70 Bäumen ist der Magnolienhain der Wilhelma der größte seiner Art in Deutschland und zudem einer der größten Europas.

Entgegen dem schwäbischen Understatement sind in diesem Text nun doch sehr viele Superlative zu finden. Doch wenn es eine Stuttgarter Sehenswürdigkeit verdient hat, dann der Zoo. Pardon – die Wilhelma.

Das Cannstatter Volksfest – ein Prosit der Gemütlichkeit

Was die Münchner Wiesn ist, weiß jeder. Aber was ist ein Wasen? Im Grunde dasselbe, nur feuchter. Als Wasen bezeichnet man ein mooriges Gebiet oder eine nasse Wiese. Diese Feuchtgebiete befinden sich meist an Flüssen, Bächen oder Seen. Als der Neckar noch nicht kanalisiert war, war der Cannstatter Wasen genau ein solches Gebiet. Mit einem Moor bringt den Cannstatter Wasen heute jedoch keiner mehr in Verbindung. Er ist ein Synonym für Bierzelte, Achterbahn und Riesenrad – also für das jährlich stattfindende Cannstatter Volksfest.

Je nachdem, wie man die Zahlen liest – und die liest man seit vielen Jahren zu Gunsten Stuttgarts –, ist der hiesige Rummel mit seinen rund 4,5 Millionen Besuchern das zweitgrößte Volksfest der Welt – nach dem Münchner Oktoberfest. Abgesehen vom Dirndl- und Lederhosen-Trend der letzten Jahre ist das Cannstatter Volksfest aber alles andere als ein Abklatsch der bayerischen Version. Zu verdanken haben wir den Rummelspaß

Ein Wahrzeichen des Cannstatter Wasens ist das Riesenrad. Zum Volksfest im Herbst laden gleich zwei Riesenräder zur Fahrt ein.

nämlich einem gigantischen Vulkanausbruch in Indonesien vor über 200 Jahren. Württemberg ging es Anfang des 19. Jahrhunderts wirtschaftlich schlecht und zusätzlich führten – selbst im schwäbischen Königreich – die Aschewolken des Vulkans zu einer jahrelang anhaltenden Klimaveränderung und dadurch zu Missernten. Um die Wirtschaft wieder anzukurbeln und um auf bessere Zeiten einzustimmen, ließ der König im Jahre 1818 ein landwirtschaftliches Fest auf dem Cannstatter Wasen austragen. Pferderennen und die Auszeichnung von Vieh waren damals die Hauptattraktionen. Volksfestbuden gab es nur am Rande. Dies änderte sich jedoch in den nächsten Jahrzehnten, bis hin zu den heutigen Ausmaßen auf einer Fläche von rund 35 Hektar. Das Volksfest blickt also auf eine sehr alte Tradition zurück. Und wird auf dem Oktoberfest der Schwerpunkt eher auf die großen Festzelte gesetzt, so findet man in Stuttgart mehr Karussells, Schießbuden und Geisterbahnen. Mit seinen 320 Betrieben gilt es daher auch als größtes Schaustellerfest Europas. Und da die Schwaben besonders gerne und ausgiebig feiern (auch wenn man es ihnen nicht gerade nachsagt), hat man als Pendant zur Herbst-Sause auch noch ein Frühlingsfest erfunden.

Doch Rummel ist nicht das ganze Jahr, und so hatte und hat der Wasen auch viele andere Funktionen zu erfüllen. Die Schafe gehörten zu den Ersten, die die saftige Wiese am Neckar zu schätzen wussten. Auch Zirkusgastspiele fanden hier bereits vor rund 150 Jahren statt, und noch heute gastiert neben anderen der Weltweihnachtscircus Jahr für Jahr auf dem Wasen. Bereits ab Mitte des 19. Jahrhunderts wurde auf der großen Fläche auch gekickt. Der Cannstatter Wasen gilt seitdem als eine der ersten Fußballspielstätten Deutschlands. Das Militär nutzte das Areal zudem als Exerzierplatz, bis es dem Flugverkehr weichen musste. Ein Vierteljahrhundert – bis 1924 – war der Wasen der städtische Flugplatz.

Wer immer aber den Wasen nutzt – am Ende wird er immer für eine Maß Bier, für Göckele und Magenbrot stehen. Und eines sei noch betont: Wenn man sich in Stuttgart nicht unbeliebt machen möchte, sagt man »der« Wasen und nicht »die« Wasen. Prosit!

Das Bohnenviertel – ein eigenes Quartier für die Gartenbohne

Das Bohnenviertel ist der passende Ort, um Frauen etwas klarzumachen – speziell jenen, die meinen, ihre besten Jahre seien vorbei. Das Quartier, das eingeklemmt zwischen Olgastraße und der B 14 ein Eigenleben führt, als wär's ein Dorf in der Stadt, ist der Beweis: Was alt ist, kann schön rausgeputzt sein, auf jeden Fall reizvoll.

Beim schwäbischen Schnäpperle-Stammtisch erwähnte die Schauspielerin Monika Hirschle, dass sie bald eine Woche »weg« sei. Sie schwätzte gar net groß rum: Mit einer Kollegin gehe sie für eine Woche in eine Schönheitsfarm. Der ebenfalls durch und durch schwäbische Heiko Volz, die Stimme vom Äffle und

Altbauten und gepflasterte Straßen – sie prägen das Stadtbild im Bohnenviertel.

Autor der neuen Geschichten mit dem Pferdle, konnte es kaum fassen: »Was sollet die da macha? Die schicket di ja glei wieder hoim!«

Wow! So ein Charmebolzen! Ja, ja, so, so – 's Äffle macht die Hirschle froh.

Im Bohnenviertel sind die Männer halt besonders liebenswürdig. Da fragte ein älterer Herr seine jungen Nebensitzerin freundlichst: »Gohst mit mir in die Kiste?« Und die sagte: »Anders Mol gern, aber heut isch scho z' spät.«

Und jeder weiß, dass da nix Anstößiges besprochen wird. Die »Kiste« im Bohnenviertel ist schließlich die älteste Weinstube der Stadt. Pferdles-Sprecher Volker Lang, der, wie auch die Travestiekünstlerin Frl. Wommy Wonder und der Bohnenviertel-Modedesigner Tobias Siewert, ebenfalls Mitglied des Schnäpperle-Stammtisches ist, stellte als Vertreter der Ü-80-Generation weise fest: »Isch besser, man goht z'samma in d' Kiste, als dass man in d' Kiste einfährt.«

Bohnenviertel-Geschichten. Seit vielen Jahrhunderten werden immer neue geschrieben und erzählt. Das Bohnenviertel entstand als erstes Wohnquartier im 15. Jahrhundert außerhalb der Stadtmauer. Dahinter lagen Wiesen, Weinberge, Wälder. Im Bohnenviertel wohnten die ärmsten Bürger der Stadt, die dafür umso einfallsreicher waren. Sie waren Vorbild für die heutigen Berliner: Lieber sexy als reich. Ihr Hauptnahrungsmittel war die Gartenbohne, die girlandenförmig an den Häusern zum Hochwachsen aufgehängt wurde und dem Viertel zum Namen verhalf.

Weil die Menschheit nicht ausgestorben ist, dürfte es damals schon das angeblich beste Stück des Mannes gegeben haben, das den schwäbischen Stammtisch im Bohnenviertel zusammenführt. Schwaben sagen »Schnäpperle« dazu. Die schwäbische Volksschauspielerin Monika Hirschle hatte eine Flasche Schampus ausgelobt, wenn ihre Lieblingszeitung, die »Stuttgarter Nachrichten«, über ihr schwäbisches Lieblingswort »Schnäpperle« einen Artikel schreibt. Dies geschah, und sie hielt Wort.

So ist der Schnäpperle-Stammtisch entstanden, bei dem noch weitere schöne Worte fallen. Wissen Sie, liebe Leserinnen und Leser, was ein »Butzameggerle« und »Bohwärtersdäfäle« sind. Für unsere hochdeutschen Freunde: Ein »Butzameggerle« schaut aus der Nase raus, und »Bohwärtersdäfäle« sind Ohren, wie Prinz Charles sie hat.

Bohnenviertel-Geschichten. Jede Zeit bringt neue hervor. In den 1960ern wollte die Stadt das »alte Gelumpe«, wie man die heruntergekommenen Häuser nannte, abreißen und ihr Technisches Rathaus dort bauen. OB Manfred Rommel verhinderte dies. Das Bohnenviertel wurde saniert. Es entstand eine ideale Mischung aus Wohnen und Arbeiten mit tollen Innenhöfen, worauf Stadtplaner noch heute stolz sein können – ein Viertel mit südländischem Flair, das Handwerker, Modedesigner, Antiquitätenläden, Weinstuben und Gaststuben fast familiär vereint. Kopfsteingepflasterte Gassen mit Fachwerk- und Jugendstilfassaden machen den Reiz eines der schönsten Stadtteile Stuttgarts aus. Nicht immer herrscht hier ein Geschiebe wie beim Bohnenviertelfest, das seit über 20 Jahren zu den Höhepunkten im städtischen Festles-Kalender gehört. Zwar liegt das Quartier zentral im Herzen Stuttgarts, ist aber durch die »Stadtautobahn« abgeschnitten von der belebten Innenstadt.

Wer im Breuninger-Parkhaus sein Auto abstellt, wählt den Weg Richtung Rathaus und der großen Kaufhäuser – in die andere Richtung kommen wenige. Die Besitzer der kleinen Bohnenviertel-Läden fordern daher eine bessere Anbindung. Das Bohnenviertel müsse »sichtbarer« und »präsenter« werden. Die Vorschläge dafür sind eine bessere Ausschilderung und eine markante Beleuchtung.

Wenn Monika Hirschle durch die Gassen spaziert, kann es sein, dass sie erkannt wird, wie dies bei Bohnenviertelfest geschehen ist: »Sie send doch die mit dem Schnäpperle«, meinte ein Mann. Er hat's in der Zeitung gelesen. »Des habet Se gut g'macht«, lobte er sie.

Die Schwäbin mit dem Schnäpperle – außer Travestie-Lady Frl. Wommy Wonder schaffen das wirklich nur wenige.

Die Autostadt – zwischen Stolz und Stau

Stuttgarts Ruf als weltbekannte Autostadt reicht weit zurück. »Wann ich das erste Auto gesehen habe, weiß ich nicht«, schrieb der 1963 verstorbene Bundespräsident Theodor Heuss in seinen Jugenderinnerungen, »denn ich bin nicht in Stuttgart aufgewachsen.« Wir verstehen: Nur wer zu dieser Zeit in Stuttgart lebte – oder noch genauer: in Bad Cannstatt –, war von Anfang an dabei.

Mercedes, Porsche und die geplante Rückkehr der Automarke Borgward – den Titel als »Autostadt« kann Stuttgart keiner nehmen. Nicht nur, weil der geneigte Verkehrsteilnehmer im Schnitt nirgendwo in Deutschland länger im Stau steht als in Stuttgart. Vielmehr natürlich, weil Gottlieb Daimler und Wilhelm Maybach mit ihrer Erfindung des schnell laufenden Benzinmotors von hier aus für den Siegeszug des Automobils gesorgt haben. Das geniale schwäbische Ingenieurduo hat 1882 in einer kleinen Versuchswerkstatt nahe dem Cannstatter Kurpark mit dem Tüfteln begonnen, von misstrauischen Nachbarn der Herstellung vom Falschmünzen verdächtigt. Tag und

Das Mercedes-Benz Museum ist das meistbesuchte Museum in Stuttgart.

Nacht, so erzählt man sich, haben die beiden Männer an einem leichten Einzylinder-Viertaktmotor gearbeitet. 1885 konstruierten sie das erste Motorrad der Welt und bauten 1886 ihre Motorkutsche. Daimlers Sohn Paul durfte als Versuchsfahrer ins Gefährt steigen und jubelte: »Der Wagen lief gut und machte schon 18 Kilometer in der Stunde.«

Aber nicht allein an Männern lag's, warum das Auto in Fahrt kam. Bertha Benz, die Frau des Ingenieurs Carl Benz, brach 1888 zur ersten Fernfahrt mit einem Auto auf und holte sich für die 106 Kilometer lange Strecke zwischen Mannheim und Pforzheim den Kraftstoff in Apotheken. Und einem Mädchen namens Mercedes verdankt der Konzern mit dem Stern rund um den Globus seinen hell strahlenden Markennamen. Ursprünglich verkaufte die 1890 gegründete Daimler-Motoren-Gesellschaft ihre Fahrzeuge nicht unter diesem Namen. Erst nachdem zur Jahrhundertwende der Autohändler Emil Jellinek an der Rennwoche in Nizza teilnahm und seinem Daimler-Fahrzeug den Namen seiner Tochter Mercédès gab, war der Markenname geboren. Der für die Marke bekannte Stern wurde 1909 als Warenzeichen eingetragen – seit 1910 ist er das Kühlersymbol.

Mit dem ewigen Konkurrenten Carl Benz haben sich die Daimler-Leute 1926 verbündet. Durch Fusion entstand die Daimler-Benz AG (heute die Daimler-AG).

In der Geschichte des Automobils steht immer wieder Stuttgart an der Spitze. Die erste Autodroschke erregte 1897 Aufsehen, als sich der Mechaniker Friedrich Greiner damit vor dem Stuttgarter Hauptbahnhof – damals noch an der heutigen Bolzstraße – zwischen den Kutschern aufstellte. Es handelte sich dabei um eine umgebaute Pferdedroschke. »Mit verhältnismäßig schwachem Motor fuhr der Wagen durch die Stadt«, schrieb der »Schwäbische Merkur« 1931 in einem Artikel zu den Anfängen des Automobils. Und weiter war zu lesen: »›Töf, töf‹ riefen die Buben hinterher. Nur auf der Landstraße konnte ein beschleunigtes Tempo angeschlagen werden, das hieß damals etwa 40 km in der Stunde.«

Der Ruf der Autostadt Stuttgart wäre ohne Robert Bosch und Ferdinand Porsche nicht komplett. Während Daimler auf seiner Motorkutsche über das Pflaster holperte, radelte Bosch mit Schlapphut zu den Kunden seiner Elektrowerkstatt, die sich in der Rotebühlstraße befand, und montierte Telefone und Blitzableiter. Aus der kleinen Werkstatt ist rasch eine große und bedeutsame Fabrik geworden, weil der Tüftler seine Magnetzündung entwickelte und zu einem wichtigen Lieferanten Daimlers und anderer Autowerke wurde. Schon 1908 zog die spätere Weltfirma für Zünder, Scheinwerfer und andere Autoteile hinaus nach Feuerbach, das damals noch nicht zu Stuttgart gehörte.

Ferdinand Porsche hat in einer Garage auf dem Killesberg von 1931 an den berühmten Auto-Union-Rennwagen entwickelt, später die ersten Modelle des so genannten Kraft-durch-Freude-Wagens. Es war die Geburtsstunde des VW Käfer, der nach dem Zweiten Weltkrieg massenhaft über die Straßen zu krabbeln begann. Mit seinem Sohn Ferry machte sich der Autobauer dann an den berühmten Porsche 356 mit 35 PS. Der Rest ist Automobilgeschichte.

Dies und noch viel mehr ist im Porsche-Museum in Zuffenhausen zu sehen, in der automobilen Schatzinsel am Porsche-Platz. In dem 2009 eröffneten Bau des Wiener Architektur-Büros Delugan Meissl werden Eifersüchteleien nicht zugelassen. Jedes Auto des historischen Fuhrparks darf für sich glänzen. Und doch nehmen die Rennwagen mit der Typenbezeichnung 917 eine exponierte Stellung ein – wohl auch aus Ehrfurcht vor dem stärksten Typen der Porsche-Geschichte. In Le Mans feierte der 917 Triumphe – auch 1970 im Filmklassiker mit Steve McQueen.

Autofans dürfen in Stuttgart auf keinen Fall das 2006 eröffnete Mercedes-Benz Museum auslassen. Allein schon der futuristische Neubau an der Bundesstraße 14 zieht alle Blicke auf sich. Mit einem »glänzenden Doppel-Whopper aus Glas und Aluminium« ist das Museum verglichen worden, das Autogeschichte, über neun Geschosse auf etwa 17 000 Quadratmeter

Ausstellungsfläche verteilt, auf spannende Weise zelebriert. Vom ersten Auto der Welt (Benz Patent-Motorwagen Nummer 1) über die legendären Silberpfeile bis zur Gegenwart der Marke Mercedes-Benz – alles lässt sich hier bewundern. Zu sehen sind unter anderem Konrad Adenauers letztes Dienstfahrzeug sowie die Wagen der Kaiser Wilhelm II. und Hirohito (Japan).

Der Bonatz-Bau – Deutschlands umstrittenstes Bahnhofsgebäude

Als »Nabel der Schwaben« hat Paul Bonatz seinen Bahnhof bezeichnet, in den 1922 der erste Zug fuhr. Hätte einer der bedeutendsten Architekten des Traditionalismus damals ahnen können, dass sein markanter Bau mit dem 56 Meter hohen Turm einmal zum größten Streitfall der Schwaben werden würde? Der hiesige Eisenbahnknoten wird mit »Stuttgart 21« komplett neu geordnet – und die Gegner des in Deutschland ein-

Postkarte vom Stuttgarter Hauptbahnhof aus dem Jahr 1960.

maligen Bahnprojekts sagen, man habe dafür ein Meisterwerk der Baukunst amputiert.

Blicken wir zurück in die 1920er-Jahre, als noch Pferdekutschen zum Verkehrsgeschehen gehörten. Ein Kiosk stand vorm Nordflügel des Hauptbahnhofs, drumherum parkten die ersten Taxis im Halbkreis. Meist handelte es sich dabei um umgebaute Pferdedroschken. »Mit verhältnismäßig schwachem Motor fuhren die Wagen durch die Stadt«, schrieb der »Schwäbische Merkur«. Manche meinen, das sei die gute alte Zeit gewesen. Noch ging kein Riss durch die Stadt.

Der Bahnhof ist ein Ort des Abschieds und der Begrüßung, ein Ort der Hektik und der Sehnsucht. Längst ist er tief im Kessel auch zu einem Ort des Protestes geworden.

Der frühere Busfahrer Udo Becker sammelt emotionale Dokumente der Stadtgeschichte. Er sammelt Fotos des Bonatz-Baus aus allen Epochen. Auf seinen Postkarten sieht man den Bahnhofsturm mit und ohne Stern, man sieht, wie der Verkehr zunimmt, wie die Hügel immer mehr bebaut werden, wie der Bahnhof seine Flügel verloren hat, wie die Straßenbahn oberirdisch fuhr – auf begrünten Schienen.

Paul Bonatz ist 33 Jahre alt, als er sich 1910 mit seinem Kollegen Friedrich Eugen Scholer im Architektenwettbewerb gegen 70 Konkurrenten durchsetzt. Seine Auftraggeber wollten erst einen Durchgangsbahnhof mit umfangreichen Tunneln bauen. Ähnlich wie bei den heutigen S-21-Plänen hätte man auch bei dieser Variante die Züge von Feuerbach im Tunnel unter dem Kriegsberg hindurch in den Talkessel geführt. Das Bahnhofsgebäude und die Bahnsteige hätten dabei jedoch quer zur Schillerstraße und dem Schlossgarten positioniert werden müssen. Nur durch das Querstellen des Bahnhofs wäre es möglich gewesen, die Züge in einem weiten Bogen entlang des Schlossgartens wieder aus dem Talkessel hinauszuführen. Der Bahnhof samt Vorplatz hätte damit keinerlei Rücksicht auf die bereits bestehenden Achsen der Stadt genommen. Da man seinerzeit ohnehin der Meinung war, durch Stuttgart fahre man nicht durch, dort komme man an, entschied sich König Wilhelm II.

letztlich für einen Kopfbahnhof. 1922 werden die ersten vier Bahnsteige des Hauptbahnhofs dem Verkehr übergeben. Sechs Jahre später ist die gesamte Anlage mit 16 Gleisen fertig.

Bei der zeitlichen Einordnung historischer Fotos des Hauptbahnhofs gibt es übrigens einen wichtigen Anhaltspunkt: Auf den Fotos der 1930er-Jahre herrscht ein reges Treiben mit Straßenbahnen, Autos und Fußgängern. Ein Polizist, der in der Mitte des Platzes erhöht in einem Rondell steht, regelt den Verkehr. Und erst 1952 ist der Mercedes-Stern auf den Bahnhofsturm gekommen. Mit einem Pferdefuhrwerk hatte man ihn angeliefert und mit Seilwinden hinauftransportiert.

Der Bahnhof ist ein Ort des Abschieds und der Wiedersehensfreude. Auch in ferner Zukunft werden die Menschen es lieben, alte Bilder vom Stuttgarter Bahnhof anzuschauen.

Der Schlossplatz – einer wie kein anderer

67-mal gibt es den Straßennamen »Schlossplatz« in Deutschland. *Der* Schlossplatz ist aber in Stuttgart, er ist das Herz der Stadt und gilt als einer der schönsten Plätze Deutschlands. Als eigentliches Zentrum der Stadt führt der Schlossplatz alles und jeden zusammen. Sich auf dem Schlossplatz zu verabreden ist jedoch gar nicht so einfach, dafür ist er einfach zu groß. Tatsächlich ist er der größte Platz der Stadt. Will man sich hier treffen, muss man schon konkreter werden. Dann sagt man beispielsweise am Pavillon, an der Säule oder – sehr beliebt bei Leseratten – vor der Buchhandlung Wittwer.

Die »gute Stube« der Stadt wird von allen Einwohnern gleichermaßen genutzt und geliebt, denn schließlich hat der Schlossplatz auch jedem etwas zu bieten. Durch seine Lage direkt an der Königstraße – der Haupteinkaufsstraße in der City – nutzen Bummler und Flaneure den weitläufigen Platz gerne zum Ausruhen, um einen Kaffee zu trinken oder sich auf dem gepflegten Grün zu sonnen. Es gibt wohl keinen Rasen in der Stadt, der mehr leisten muss als dieser. Denn ist er nicht mit

Der Schlossplatz ist mit seinen Prachtbauten, der Jubiläumssäule und seinen Brunnen das Aushängeschild der Stadt.

Picknick-Decken oder anderen Sitzunterlagen übersät, dann wird er von Plastikplatten verdeckt, die bei großen Events auf dem Platz eigentlich seinem Schutz dienen sollen.

Kulturhungrige kommen hier nämlich ebenfalls voll auf ihre Kosten. Zahlreiche Veranstaltungen wie das Internationale Trickfilm-Festival (die größte Veranstaltung für Animationsfilme in Deutschland) finden auf dem royalen Platz ebenso statt wie Jazzopen, das zahlreiche Musikgrößen nach Stuttgart lockt.

Wenn einmal nicht die Sonne über dem Schlossplatz lachen sollte, dann locken die Kulturtempel, rund um das Areal, in ihre »Schatzkammern«. Das Kunstmuseum und das Kunstgebäude, die beide direkt am Schlossplatz liegen, bieten spannende Wechselausstellungen. Und im Landesmuseum Württemberg gibt es neben Kronjuwelen auch steinzeitliche Kunst zu bestaunen. Gebäude aus sieben Jahrhunderten fassen den

Schlossplatz ein und bieten Architekturliebhabern einen beeindruckenden baugeschichtlichen Querschnitt. In südlicher Richtung wird er vom Alten Schloss begrenzt, das in Teilen noch aus dem Mittelalter stammt. Ihm schließt sich die Alte Kanzlei, ein Renaissancebau, an.

Das prominenteste Bauwerk ist jedoch das Neue Schloss, dem der Platz seinen Namen verdankt. In der zweiten Hälfte des 18. Jahrhunderts im barocken Stil erbaut, schließt das Schloss den Platz in Richtung Osten ab. Sein imposantes Pendant ist der klassizistische Königsbau mit seiner aus 34 Säulen bestehenden Kolonnade. König Wilhelm I. war so begeistert von den Plänen dieses Bauwerks, dass er die Architekten dazu aufforderte, noch mehr Säulen in der Fassade unterzubringen. Erst als man ihm veranschaulichte, dass die Damen mit ihren breiten Reifröcken dann nicht mehr zwischen den eng stehenden Säulen hindurchpassen würden, lenkte der König ein.

Die ursprünglichen Pläne für den Königsbau sahen lediglich einen Konzert- und Ballsaal vor und wurden schließlich um Stuttgarts erste Ladenpassage und Räumlichkeiten für den Stuttgarter Börsenverein ergänzt. Das repräsentative Bauwerk wurde 1859 von seinem Namensgeber feierlich eingeweiht. Die »Schwäbische Akropolis« – wie eine Lokalzeitung einst den Königsbau betitelte – wurde knapp 150 Jahre später um das Einkaufszentrum Königsbau Passagen erweitert. Diese wurden 2006 ebenfalls von König Wilhelm I. eröffnet – wenn auch nur von seinem Double.

Zur Unteren Königstraße hin wird die Baugeschichte durch den Marquardtbau fortgesetzt. Das wuchtige Gebäude aus der Gründerzeit wurde im Stil des Historismus erbaut – einem beliebten Baustil des ausgehenden 19. Jahrhunderts, der sich Architekturstile verschiedener Epochen bediente.

Das Kunstgebäude – im Jugendstil ab 1910 erbaut – mit seiner markanten Kuppel, die von einem goldenen Hirsch gekrönt wird, begrenzt den Schlossplatz in nördlicher Richtung. »Carls Brauhaus« ist in großen Lettern an dem wuchtigen Komplex direkt neben dem Kunstgebäude zu lesen. Dessen eigentlicher Name ist jedoch Königin-Olga-Bau und dieser ist jünger, als man es aufgrund seiner Architektur zunächst erwarten würde. Der Olga-Bau entstand in den 1950er-Jahren und ersetzte ein gleichnamiges historistisches Gebäude an selber Stelle. Entgegen der damals gängigen Wiederaufbaupraxis in Stuttgart, »Aufbruch in die Moderne«, griff der Architekt beim Olgabau auch Formen des süddeutschen Klassizismus auf und so galt sein Werk schon bei der Einweihung als altmodisch.

Das jüngste Schmuckstück am Schlossplatz – das Kunstmuseum – wurde 2005 fertiggestellt. Es ersetzte einen Beton-Zweckbau der 1960er-Jahre. Die städtische Kunstsammlung war bis dahin im Kunstgebäude untergebracht. Der markante Glaswürfel direkt an der Königstraße beherbergt jedoch nur rund 20 Prozent der Ausstellungsfläche, denn der größte Teil der Kunstsammlung befindet sich unter dem dahinterliegenden Kleinen Schlossplatz in ausgedienten Röhren des Planie-Autotunnels.

Kaum ein anderer Ort in der Stadt bietet mehr Geschichte und Geschichten als der Schlossplatz. Schließlich hat er in seiner über 240-jährigen Geschichte schon so einiges erlebt. Nahezu jedes große Ereignis in Stuttgart findet hier statt. Und das war schon immer so. Für das Sonnenfinsternis-Event 1999, die Party zur Jahrtausendwende, die Fußball-WM 2006, die Meistertitelfeier des VfB Stuttgart 2007, den Tag der Deutschen Einheit 2013 oder den Evangelischen Kirchentag 2015 – um nur ein paar Beispiele zu nennen – diente der Schlossplatz in den letzten Jahrzehnten als Kulisse.

Eine eigene Geschichte hat der Schlossplatz natürlich auch, denn er war nicht immer das Zentrum der Stadt. Beim Bau des Neuen Schlosses wurde er von 1775 an als einfacher Paradeplatz angelegt. Der Boden war lediglich mit Kies belegt und diente den königlichen Soldaten zum Exerzieren. Der von Kastanien eingefasste Platz lag damals am Rande des eigentlichen Stadtkerns. Noch waren der Marktplatz und der heutige Schillerplatz die wichtigsten Anlaufziele aller Stuttgarter und Besucher. Nach 20 Jahren völliger Tristesse erhielt der Schlossplatz sein erstes dekoratives Element, als die Jubiläumssäule 1841 in seinem Zentrum errichtet wurde. Weitere 20 Jahre später verwandelte sich der Kiesplatz in einen Blumengarten mit dem noch heute bestehenden sternförmigen Wegenetz. 1863 fanden dann auch die großen Schalenbrunnen ihren Weg auf den Schlossplatz, acht Jahre später folgte der Musikpavillon. Und so blieb die »Möblierung« des Platzes grob bis heute bestehen.

So liebt man den Schlossplatz. Am besten unbespielt, ohne Feste, Partys und Events. Denn so viel Trubel hat er gar nicht nötig. Er ist auch ohne viel Tamtam das pulsierende Herz Stuttgarts.

Das Stuttgarter Rössle – und die Sache mit Ferrari

Pferde gibt's nur in Stuttgart? Wer beim Betrachten unseres Buchcovers ins Rätseln gekommen ist, der kennt das Stadtwappen nicht. Ein steigendes schwarzes Pferd ist darin zu sehen und wird »Stuttgarter Rössle« genannt. In seiner heutigen Form wird das Stadtwappen seit 1938 hochoffiziell und hochamtlich verwendet. Die vierbeinigen Vorläufer trabten freilich schon über 700 Jahre früher hier umher. Bereits 1311 schmückten zwei nach rechts schreitende Pferde das Wappen, was kein Wunder ist, wurde doch aus einem mittelalterlichen »Stutengarten« irgendwann Stuttgart. Längst ist das Rössle im Wappen ein Exportschlager der Schwaben wie Maultaschen, guter Wein oder der Mercedes-Stern.

Wie ist die Stuttgarter Stute zum Ferrari-Hengst geworden?

Doch wie ist die Stuttgarter Stute zum italienischen Ferrari-Hengst geworden? Die offizielle Geschichte lautet: Baron Francesco Baracca, ein Jagdflieger im Ersten Weltkrieg, pinselte als persönliches Glückssymbol das Emblem eines schwarzen Hengstes auf sein Flugzeug. Nach 63 Luftschlachten und 34 abgeschossenen Gegnern starb Baracca bei einem Gefecht im Montello-Gebirge. Etwa 14 Jahre später übergaben die Eltern des Jagdfliegers dem jungen Rennfahrer Enzo Ferrari das Emblem, auf dass es ihm mehr Glück bringe als ihrem Sohn.

Fortan verwendete Enzo Ferrari den steigenden Hengst vor gelbem Hintergrund als Logo für seine Firma. Die Hintergrundfarbe wählte er, weil sie die Wappenfarbe Modenas war, Enzo Ferraris Heimatstadt. So weit die Version unserer italienischen Freunde.

Wir Stuttgarter wissen, dass das Quatsch ist. In Wahrheit ließ sich Francesco Baracca von unserem Rössle inspirieren. Einleuchtend ist die Erzählung, dass der Baron den Hengst von einem abgeschossenen deutschen Piloten kopierte, der das Wappen der Stadt Stuttgart auf seinem Flugzeug trug. Und so trieb das Stuttgarter Rössle die italienischen Flitzer an, noch schneller und erfolgreicher zu werden. Wenn das nicht einzigartig ist!

Mineralwasser – Stuttgarts sprudelnder Bodenschatz

Stuttgart ist eigentlich nicht für seinen Wasserreichtum bekannt. Die Stadt liegt nicht am Meer, der Fluss führt eine Randexistenz, Bäche wurden unter die Erde verbannt und Seen sind rar. Doch das Wasser ist da – man muss nur wissen, wo. Denn mit einem kann Stuttgart nun wirklich punkten: Hier sprudeln täglich 44 Millionen Liter Mineralwasser an die Oberfläche! Damit hat Stuttgart nach Budapest das zweitgrößte Mineralwasservorkommen Europas.

19 Mineralwasserquellen gibt es in der Stadt. Die tiefste Quellbohrung bringt das Sauerwasser aus 477 Metern Tiefe an die Oberfläche. Mit 22 Grad Celsius sprudelt daher aus der Cannstatter Hofrat-Seyffer-Quelle auch das wärmste Mineralwasser. Die Mombachquelle – nahe der Stadtbahnhaltestelle »Mühlsteg« – ist die einzige naturbelassene Mineralwasserquelle in Stuttgart. Mit 16 Grad ist sie somit auch die kälteste.

Schon die Römer wussten das belebende Nass in ihrer Siedlung im heutigen Stadtbezirk Bad Cannstatt zu schätzen. Über eineinhalb Jahrtausende später verhalf das Mineralwasser Cannstatt sogar dazu, ein berühmter Kurort zu werden. Der Bade-Boom in der Stadt am Neckar setzte zu Beginn des

19. Jahrhunderts ein. Zwischen 500 und 700 Menschen jährlich besuchten damals den Kurort. Badhotels schossen wie Pilze aus dem Boden. Ein Kurpark wurde angelegt und die König-Karl-Straße entstand als Flanierallee. In den 1870er-Jahren erlebte der Kurort mit jährlich bis zu 3500 wohlhabenden Badegästen – die aus aller Herren Länder anreisten – seine Hochzeit. Grafen, Herzöge und Könige gehörten ebenfalls zu den Erholungssuchenden. Doch durch die einsetzende Industrialisierung – die vor allem auch in Cannstatt den Bau zahlreicher Fabriken mit sich brachte – verlor die Stadt als Kurort bereits nach wenigen Jahrzehnten wieder an Bedeutung. So fanden sich im Jahre 1900 lediglich noch 100 Besucher zum Erholungsurlaub in Cannstatt ein. Das »Bad« im Namen erhielt Cannstatt erst im Juli 1933. Den Titel zu erhalten war nur einer von vielen Versuchen, an die ruhmreichen Zeiten als Badekurort anzuknüpfen.

Das »Mineral-Bad Berg« im Osten der Stadt gibt es bereits seit 1856.

Auch im benachbarten Stadtteil Berg wurde und wird das Champagnerbad geschätzt und in gleich zwei Mineralbädern effektiv genutzt. »Das Leuze« – das älteste Mineralbad der Stadt – liegt dort direkt am Neckarufer und ist durch seinen schönen Kinderbereich und seine große Außenfläche vor allem bei Familien beliebt. So modern das Bad heute auch ist, seine Eröffnung feierte es bereits 1842, als der Fabrikant Augustin Koch eine firmeneigene Quelle zum Betrieb einer Badeanstalt in Berg nutzte. Diese wurde ihm ein Jahrzehnt später vom Unternehmer Ludwig Leuze abgekauft und blieb vier Generationen in Familienbesitz. Selbst als das Bad bereits an die Stadt Stuttgart übergegangen war, blieb der vierte Leuze mit dem Namen Ludwig Pächter des Bades. Letztlich opferte dieser sogar sein Leben für das Familienunternehmen. Als durch die Luftangriffe 1944 auch das Mineralbad in Brand geriet, versuchte Ludwig Leuze diesen unter Einsatz seines Lebens zu löschen. Dabei zog er sich so schwere Verbrennungen zu, dass er kurze Zeit später verstarb. Am Namen »Leuze« hielt die Stadt für das beliebte Mineralbad auch nach Ludwigs Tod fest. 1983 erhielt das Bad schließlich sein heutiges Aussehen – mit dem markanten Anstrich und den Skulpturen des Künstlers Otto Herbert Hajek.

Rustikaler und gemächlicher kommt das benachbarte »Mineral-Bad Berg« daher. Es wird von mehreren Quellen gespeist, aus denen täglich rund fünf Millionen Liter natürliches Mineralwasser sprudeln. Durch diese enormen Wassermengen ist weder eine Chlorung noch Umwälzung oder Wasseraufbereitung nötig. Angelegt wurde es 1856 vom königlichen Hofgärtner Friedrich Neuner und als Bad am Königlichen Park eingeweiht. Das »Bad Berg« trägt daher bei seinen vielen Fans – den sogenannten Bergianern – bis heute den Spitznamen »das Neuner«. Im Zweiten Weltkrieg ebenfalls nahezu komplett vernichtet, wurde es im Stil der 1950er-Jahre wieder aufgebaut, was dem Bad noch heute einen ganz besonderen, nostalgischen Charme verleiht.

Das jüngste Bad im Bunde ist das 1994 eröffnete »Mineralbad Cannstatt« und liegt direkt am Bad Cannstatter Kursaal, der seine Erbauung ebenfalls den heilenden Kräften des Sauerwassers verdankt.

Wo so viel Mineralwasser sprudelt wie in Stuttgart, werden natürlich auch zahlreiche Trinkwasserbrunnen mit dem Heilwasser gespeist. Zugegeben, der oft sehr metallische Geschmack von natürlichem Mineralwasser ist gewöhnungsbedürftig. Doch jede der 19 gefassten Mineralwasserquellen bringt eine andere Konzentration von Natrium, Calcium, Chlorid, Magnesium oder Sulfat zutage und bietet damit eine jeweils andere Geschmacksrichtung. Mehr als einen halben Liter Sauerwasser am Tag sollte man jedoch nicht zu sich nehmen. Anders ist das, wenn man zufällig ein Bewohner der Wilhelma ist. Dort kommt das Mineralwasser auch in der Tier- und Pflanzenwelt zum Einsatz. Der Seerosenteich im maurischen Garten wird ebenso mit Cannstatter Mineralwasser gespeist wie die großen Bassins, in denen unter anderem die Seelöwen, Eisbären und Pinguine schwimmen.

Zwar bieten in Stuttgart vor allem Bad Cannstatt und Berg Mensch und Tier ein belebendes Sprudelbad, aber auch in der Stuttgarter Innenstadt sind Mineralwasserquellen zu finden. Bei Bauarbeiten am Kaufhaus Breuninger stieß man Anfang der 1970er-Jahre auf eine solche direkt am Marktplatz. Aus diesem Grund richtete man im Dachgeschoss des Kaufhauses das Breuninger-Bad ein. Es wurde jedoch wegen stark rückläufiger Besucherzahlen bereits 1988 wieder geschlossen. Dieselbe Mineralwasserquelle speist noch heute den Marktbrunnen vor dem Rathaus. Da das Quellwasser recht warm aus den Leitungen strömt, ist der Brunnen selbst zur kalten Jahreszeit durchgehend in Betrieb.

Bei diesem reichen Mineralwasservorkommen in Stuttgart ist es fast schon traurig, dass über die Hälfte des wertvollen Nasses ungenutzt und unbemerkt in den Neckar fließt.

Die Stadtbibliothek – vom Bücherknast zum Stadtprimus

Das jüngste Innenstadtviertel Stuttgarts befindet sich noch immer in der Entstehungsphase und es ist bis heute, nicht nur unter Architekten, sehr umstritten. Ein protziger Bürobau reiht sich hinter dem Hauptbahnhof an den anderen. Doch mittendrin erhebt sich ein absolut außergewöhnliches Bauwerk – die Stadtbibliothek Stuttgart.

Der Lesesaal der neuen Stadtbibliothek entwickelt sich zu einem der beliebtesten Fotomotive in Stuttgart.

Außergewöhnlich bedeutet selbstverständlich nicht, dass es jedem Bürger gleichermaßen gefällt. Ganz im Gegenteil. Der 2011 eingeweihte Büchertempel war für viele ein wahrer Schandfleck. »Bücherknast« war noch eine der netteren Bezeichnungen, mit der die Stuttgarter den Neubau vor allem in den Internetforen bedachten. In der Tat ist die Architektur zunächst gewöhnungsbedürftig. Der würfelförmige Baukörper aus Sichtbeton und Glasbausteinen wirkt durch seine monotone, graue Fassade – auf allen vier Seiten je 44 Meter breit und 40 Meter hoch – auf viele Betrachter erst einmal eher abweisend. Lediglich an der oberen linken Ecke zeigen die Betonwände etwas Individualität. Dort ist jeweils das Wort »Bibliothek« in vier verschiedenen Sprachen in der Fassade eingelassen. Auf der Nordseite ist es auf Deutsch, auf der Westseite in der Weltsprache Englisch zu lesen. Im Süden steht der Schriftzug auf Arabisch – stellvertretend für alle Sprachen der Welt – und auf der Ostseite in Koreanisch, der Muttersprache des südkoreanischen Architekten Eun Young Yi.

Die Himmelsrichtungen waren bei der Wahl der Sprache ebenfalls ausschlaggebend.

Als die Bibliothek die ersten Besucher empfing, stand sie noch wie ein Solitär einsam in planiertem Bauland, irgendwo im Nirgendwo. Den zunächst etwas verloren wirkenden Würfel umgeben seit einigen Jahren nun weitere Bürogebäude und ein Einkaufszentrum. Dadurch wurde ihm viel von seiner zunächst so erdrückenden Wirkung genommen. Im Grunde haben sich auch die gerne zum Schimpfen (»Bruddeln«) neigenden Stuttgarter recht schnell mit dem Neuling angefreundet. Denn heute wird er eher als architektonisches Schmuckstück erlebt denn geschmäht. Hartnäckige Skeptiker können der Stadtbibliothek zumindest nachts etwas abgewinnen, wenn die Fensteröffnungen in der Fassade blau beleuchtet werden.

Um das eigentlich Spektakuläre am Bücherwürfel gesehen zu haben, muss man sich jedoch erst einmal hineinbegeben. In starkem Kontrast zur grauen Fassade steht die Innenarchitektur. Der 14 Meter hohe und 14 Meter breite Raum im Zentrum des Gebäudes – das Herz – konzipierte der Architekt als einen Raum der Stille. Sein Pendant ist der direkt darüberliegende große Galeriesaal in Form einer umgekehrten Pyramide. Er übernimmt in der Bibliothek gleich mehrere Aufgaben. So ist er Lesesaal, Treppenhaus und durch das große Oberlicht auch eine natürliche Lichtquelle für das unter ihm liegende Herz. Dieser Saal scheint sich, nach dem Fernsehturm und dem Schlossplatz, zu einem der beliebtesten Fotomotive der Stuttgarter zu mausern. Doch nicht nur der beeindruckenden Architektur, sondern auch dem Konzept einer »Bibliothek der Zukunft« verdankte das Stuttgarter Haus den Titel »Bibliothek des Jahres 2013«.

Wer den literarischen Zauberwürfel am Mailänder Platz bisher noch nicht besucht hat, der sollte dies dringend nachholen und auch Gäste dort hinführen. Denn längst hat sich die Stadtbibliothek am Mailänder Platz zu einer beliebten Sehenswürdigkeit der Landeshauptstadt entwickelt. Und wie schnell das gehen kann, dass ein »Bücherknast« zum Stadtprimus wird, auch das kann man nur in Stuttgart erleben.

Die Markthalle – vielleicht die schönste in Deutschland

Über 20 Sternerestaurants gibt es in der Region, acht sind es allein in Stuttgart. Gourmets können es sich hier ohnehin gut gehen lassen. Wo Feinschmecker und Hobbyköche einkaufen, beziehen selbst die Starköche einige ihre Lebensmittel – in der Stuttgarter Markthalle.

Dieser Genusstempel lädt jeden dazu ein, sich auf eine kulinarische Weltreise zu begeben. Schon beim Betreten der Markthalle werden die Besucher in eine Wolke unzähliger feiner Gerüche gehüllt. Unter einer gewölbten Glasdecke reihen sich rund 40 Verkaufsstände aneinander, die Köstlichkeiten aus aller Welt anbieten. Einst drängten sich sogar über 400 Händler in der Halle. Wer also plant, ein Festmahl zu zaubern, der wird hier sicherlich jede noch so ausgefallene Zutat dafür finden.

Das Schmuckstück – zwischen Schiller-, Karls- und Marktplatz gelegen – ist bereits seit über 100 Jahren eine Anlaufstelle für Schleckermäuler. Im Auftrag König Wilhelms I. wurde Mitte des 19. Jahrhunderts die erste Markthalle als Eisenkonstruktion mit Glasdach erbaut. Sie sollte den Marktfrauen Schutz vor der Witterung bieten. Die alte Halle war jedoch schon nach einigen Jahrzehnten zu klein geworden, und so plante man einen Neubau an selber Stelle. Es wurde unter anderem ein Entwurf eingereicht, der einer Art Gemüse-Pantheon gleichkam. Doch dieser römische Bau mit großem Kuppeldach war dem Preisgericht seinerzeit viel zu gewagt. Daher beauftragte man Martin Elsaesser mit seinem Entwurf einer Halle im Jugendstil, die in den oberen Geschossen Räumlichkeiten für die städtischen Kanzleien vorsah, damit sich der Bau auch ja rechnete. 1914 wurde das neue Gebäude hinter dem Alten Schloss schließlich eingeweiht.

In den 1990er-Jahren vergrößerte sich das Warenangebot in der Halle noch einmal deutlich, als im ersten Obergeschoss neben einem italienischen Restaurant zusätzliche Verkaufsflächen für die anspruchsvolle Kundschaft eröffnet wurden. Auf der Empore wird seither ein großes Sortiment an Gartenzubehör, Schmuck, Kosmetik und Wohnaccessoires feilgeboten. Zur Sporerstraße hin runden ein Blumenladen, eine Tapas-Bar und das schwäbische Lokal »Marktstüble« das Angebot der Markthalle ab.

Aufmerksamen Bummlern werden im Innern des Gebäudes im Boden eingelassene Bahngleise auffallen. Bis in die 1940er-Jahre bot die Markthalle nämlich eine Besonderheit. Über Jahrzehnte wurden die Waren der Händler über das Liniennetz der Stuttgarter Straßenbahnen angeliefert. Vor allem von den Stuttgarter Hochebenen – den Fildern – führten die Bauern so mit speziellen Güterzügen ihre Produkte bis an die Markthalle heran. Die knapp 20 Meter langen Gleisreste in der Halle sind die ältesten noch erhaltenen Straßenbahngleise der Stadt.

Kaum vorstellen kann man sich heute, dass die Markthalle in den 1970er-Jahren fast aus dem Stadtbild verschwand. Ihr Abriss, aus wirtschaftlichen Gründen, wurde mit nur einer Stimme Mehrheit im Gemeinderat verhindert. Danach wurde die Liebe der Stuttgarter zu ihrer Markthalle immer intensiver. Sie

Köstlichkeiten aus der ganzen Welt bieten die Händler an den Ständen in der historischen Markthalle.

schätzen den besonderen Charme des Jugendstilgebäudes und messen seiner Geschichte und dem Denkmalschutz mehr Bedeutung bei. Aus diesem Grund wurde im Jahr 2009 sogar ein wichtiger Bestandteil der ursprünglichen Halle rekonstruiert. Der Ceres-Brunnen – der sich zwischen den beiden Treppenaufgängen zur Empore befand – wurde im Zweiten Weltkrieg zerstört und für 65 Jahre durch einen weiteren Händlerstand ersetzt. Dank Spendengeldern, gesammelt vom Förderverein Alt Stuttgart, konnte der Brunnentrog aus grünblauen Majolikafliesen – einer zinnglasierten Keramik – für rund 400 000 Euro rekonstruiert und an alter Stelle wieder aufgestellt werden. Nach alten Fotos und Zeichnungen wurde auch die Figurengruppe der römischen Ackerbaugöttin Ceres – die die Schutzpatronin der Markthalle ist – nachgebildet.

Ein Besuch der, wie viele sagen, schönsten Markthalle Deutschlands ist für daher nicht nur eine kulinarische Reise, sondern auch eine Reise zurück in die »gute alte Zeit«.

Die Königstraße – wo Schweizer, Badener und Schwaben gemeinsam einkaufen

1,2 Kilometer ist sie lang, die bekannteste Flaniermeile der Stadt. Die Königstraße ist auf ihrer gesamten Länge den Fußgängern vorbehalten und wird von Seiten der Stadt daher gern als die »längste Fußgängerzone Europas« beworben. Diesen Titel beanspruchen jedoch beispielsweise auch die Städte Heidelberg, das italienische Jesolo oder die dänische Hauptstadt Kopenhagen für sich. Ob der Titel für die Königstraße nun gerechtfertigt ist oder nicht, mit ihren zahlreichen, ebenfalls autofreien Nebenstraßen bildet der Stadtkern tatsächlich eine Fußgängerzone von beachtlichen Ausmaßen. Und dies in der Automobilstadt Stuttgart.

Die Königstraße gilt seit Jahrzehnten als eine der am höchsten frequentierten Einkaufsstraßen Deutschlands. Alles, so schien es lange Zeit, gab es hier, was man käuflich überhaupt

hätte erwerben können. Doch die zentrale Flaniermeile der Stadt kämpft seit vielen Jahren mit demselben Problem, mit dem sich nahezu jede Einkaufsstraße einer Großstadt herumschlagen muss – der Ansiedlung von großen Warenketten und dem damit verbundenen Verlust der Individualität. Spätestens seit den 1990er-Jahren wich die ausgewogene Mischung des Warenangebots immer mehr einem monotonen, von Modeketten dominierten Sortiment. Zeitgleich verschwanden nach und nach die inhabergeführten Geschäfte, und so ist die Stuttgarter Shoppingmeile von einer Wiener Einkaufsstraße lediglich noch an der Architektur zu unterscheiden.

Besteht die Königstraße seit dem Wiederaufbau nach dem Zweiten Weltkrieg primär aus Neubauten, so hat sie doch eine lange und bewegte Geschichte hinter sich. Sie wurde in ihren heutigen Ausmaßen ab 1806 angelegt und ist – auch wenn es der Name erwarten lässt – keinem König gewidmet. Diesen Namen erhielt sie erst fünf Jahre nach Baubeginn, als Erinnerung an die Erhebung Württembergs zum Königreich. Die neue Prachtstraße war ein Wunsch König Friedrichs, der seiner kö-

Die obere und untere Königstraße treffen am Schlossplatz aufeinander. Links das Kunstmuseum, rechts der Königsbau.

niglichen Residenzstadt eine würdige Hauptstraße zukommen lassen wollte.

Wo sich heute die obere Königstraße befindet – zwischen Schlossplatz und Rotebühlplatz –, verliefen früher der Stadtgraben und die Stadtmauer. Der Graben wurde jedoch schon Jahrzehnte vor den Plänen des Königs zugeschüttet, die Mauer abgebrochen und an ihrer Stelle eine Straße angelegt. Sie trug daher den Namen Langer Graben oder Großer Graben. Als Verlängerung legte man – damals noch außerhalb der Stadt – eine Landstraße an, die hinaus gen Ludwigsburg führte. Im Gegensatz zum Langen Graben, der nach und nach umgestaltet werden sollte, machte der König bei der Bebauung der Ludwigsburger Straße Druck. Heute als untere Königstraße bekannt, wird dieser Abschnitt der Einkaufsmeile mit dem Turm des Hauptbahnhofs abgeschlossen.

Damit die Königstraße 1977 zur Fußgängerzone werden konnte, musste einiger Aufwand betrieben werden. Straßenführungen wurden geändert, die Planie musste untertunnelt werden, und sogar die Straßenbahn wurde unter die Erde verlegt. Zwar ist die breite Straße vor allem für die zahlreichen Ladengeschäfte internationaler Marken bekannt, doch auch ein paar Einwohner können die Königstraße als ihre Wohnadresse nennen. Immerhin rund 80 Personen haben hier noch ihren Wohnsitz angemeldet. Ein früherer Bewohner war der bekannte Verleger Johann Friedrich Cotta, der hier 1764 geboren wurde und später in derselben Straße eine Buchhandlung eröffnete.

Vertrauter als »in der Königstraße« klingt für die Stuttgarter übrigens »auf« der Königstraße. Schon immer wurde »auf« ihr eingekauft und neuerdings wird auch gern mal an einer Demo teilgenommen, die »auf« ihr stattfindet.

Eine der bekanntesten Nebenstraßen der großen Shoppingmeile ist die Schulstraße. Sie verbindet die Königstraße mit dem Marktplatz und ist bei den Stuttgartern vor allem als »Fressgasse« bekannt, aufgrund der hohen Dichte an Schnellrestaurants. In den 1950er-Jahren war die Schulstraße sogar eine kleine Besonderheit. 1953 wurde sie, fast zeitgleich mit der Treppenstraße in Kassel und der Holstenstraße in Kiel, zu einer der ersten reinen Fußgängerzonen in Deutschland umgestaltet. Sie war zudem die erste Fußgängerzone der Republik, die sich über zwei Ebenen erstreckt. Versprüht das Sträßchen heute eher den verblassenden Charme der 1950er-Jahre, so war sie einst doch eine wichtige Anlaufstelle aller Stuttgarter. Als eine der ältesten Straßen der Stadt diente sie im 13. Jahrhundert als Vorgänger des heutigen Marktplatzes.

Nahtlos gelangt man von hier über weitere Fußgängerzonen bis zum Einkaufszentrum Gerber am südlichen Rand der Innenstadt. Es wurde Ende 2014 fast zeitgleich mit dem weit größeren Milaneo am nördlichen Cityrand eröffnet. Mit den beiden Shoppingmalls bot das Stadtzentrum schlagartig rund 280 zusätzliche Ladengeschäfte, und ein Ende des Verkaufsflächenwachstums scheint nicht in Sicht. Durch das 2017 eröffnete »Dorotheen-Quartier« am Karlsplatz und die Aufwertung vieler Nebenstraßen in der City baut Stuttgart sein Image als Einkaufsstadt immer weiter aus. Spätestens als man erste Kunden im Milaneo einen badischen Dialekt sprechen hörte, war für viele klar: Jetzt kann es Stuttgart mit jeder Einkaufsstadt aufnehmen! Denn wenn ein Badener zu den Schwaben zum Einkaufen fährt, muss diese schon etwas ganz Besonderes zu bieten haben. Schneller als die badischen Nachbarn haben jedoch die Schweizer Stuttgart als Shopping- und Ausflugsstadt für sich entdeckt. Seit einigen Jahren sind die konsumfreudigen Eidgenossen daher im Kessel kaum mehr wegzudenken. Das gibt es nur in Stuttgart: eine Einkaufsmeile, auf der sich gleichzeitig Schwaben, Badener und Schweizer zum gemeinsamen Shopping treffen!

Das Grüne U – der größte Hasenstall der Republik

Dank der Medienberichte der letzten Jahre, die die Großbaustellen der Landeshauptstadt Baden-Württembergs oder Stuttgart als Stau- und Feinstaubhauptstadt Deutschlands themati-

Der Wartberg mit seinen Wasserspielen ist nur ein Teil des riesigen Grünen Us, eine der größten Parkanlagen Europas.

sierten, verstärkt sich in der übrigen Republik der Eindruck von einer smogverseuchten Industriestadt zunehmend. Denkt man zudem an eine Stadt, die zu den wichtigsten Standorten der Automobilindustrie weltweit zählt, dann erscheinen vor dem inneren Auge vermutlich Bilder von zahllosen Fabrikbauten – jedenfalls keine von Wäldern und Weinbergen. Genau aus diesem Grund ist eine der größten Überraschungen für Stuttgart-Besucher die Tatsache, wie grün die Stadt ist.

Fast 30 Prozent des Stadtgebiets von Stuttgart bestehen aus Grünflächen. Parks gehen in Wälder, Wälder in Weinberge und Gärten über. Tatsächlich ist es möglich, von der Innenstadt bis in die Randbezirke zu spazieren, ohne auch nur ein einziges Mal die Parkanlagen verlassen zu müssen. Mit diesem sogenannten Grünen U besitzt Stuttgart eine der größten Parkanlagen Europas. Sie erstreckt sich vom Schlossplatz bis hinauf zum Bismarckturm über eine Länge von mehr als acht Kilometern auf einem rund 270 Hektar großen Areal. Um diese gigantische U-förmige Parklandschaft zu erhalten, wurden nach und nach sechs Grünanlagen miteinander verbunden. Der älteste Teil – der Schlossgarten – ist dabei mit seiner Vorgeschichte als herzoglicher Lustgarten rund 600 Jahre alt.

Der Obere Schlossgarten bildet im Zentrum der Stadt den Beginn einer Parkanlage, die sich auf einer Länge von rund drei Kilometern bis zum Neckar erstreckt. Der gesamte Schlossgarten besteht aus drei Teilen, die durch Fußgängerstege miteinander verbunden sind. In seiner heutigen Grundform wurde er ab 1807 angelegt, als auch der Bau des Neuen Schlosses kurz vor dem Abschluss stand. Die königliche Parkanlage wurde zur Bundesgartenschau 1961 und 1977 jedoch mehrfach verändert. Ein nahtloser Übergang zum Rosensteinpark war schon immer vorhanden.

Letzterer ist mit seinen über 65 Hektar Fläche der größte englische Landschaftspark Südwestdeutschlands und steht heute unter Denkmalschutz. Trotzdem hat ihm in den vergangenen Jahrzehnten der angrenzende zoologisch-botanische Garten Wilhelma immer wieder Fläche abgerungen. Der Rosensteinpark wurde zeitgleich mit dem Bau von Schloss Rosenstein angelegt. Hierzu musste König Wilhelm I. zunächst über Jahre hinweg rund 500 Grundstücke von Cannstatter Bürgern ankaufen. Meister Lampe scheint dem Monarchen für den dadurch entstandenen Park besonders dankbar zu sein. Denn im Rosensteinpark gibt es auf engstem Raum die größte bekannte Feldhasenpopulation Deutschlands. Über 100 Tiere wurden hier in den letzten Jahren auf dem Quadratkilometer gezählt, der bundesweite Durchschnitt liegt bei etwa 20 bis 30 Hasen. Im Rekordjahr 2016 waren es sogar 170 Hasen pro Quadratkilometer.

Auf keiner Wiese und in keinem Wald der Republik tummeln sich somit mehr Langohren auf einem Haufen. Vor allem in einer Großstadt ist dies einmalig. Ein Grund hierfür ist, dass die Hasen seit vielen Jahren wie auf einer Insel leben. Sie hoppeln vom Löwentor bis in den Oberen Schlossgarten hinein gänzlich ungestört, auch wenn die grüne Oase von Bundesstraßen umgeben ist. Ein Feldhase verirrt sich selten über eine solche und bleibt also, wo er ist. Frisches Blut kommt so allerdings selten in den sehr einseitigen Stammbaum der Großfamilie, welcher vermutlich auf ein paar wenige Tiere zurückzuführen ist.

Dass dies auf Dauer nicht gesund sein kann, zeichnet sich bereits durch immer kleiner werdende Exemplare ab. Doch verschwinden wird der Feldhase im Rosensteinpark sicherlich nie. Denn er ist jagdfreies Gebiet und der einzige natürliche Feind – der Fuchs – scheint lieber seine Pfoten von den Feldhasen zu lassen.

Um das Großprojekt Grünes U verwirklichen zu können, wurden der Rosensteinpark und der Schlossgarten 1993 zur Internationalen Gartenbauausstellung mit dem angrenzenden Park der Villa Berg im Osten sowie in nördlicher Richtung mit dem Leibfriedschen Garten verbunden. Über Stege gelangt man weiter nördlich zum Wartberg, der durch zahlreiche Kleingärten geprägt wird und einen direkten Übergang zum Höhenpark Killesberg schafft. Keine andere Parkanlage in Stuttgart war häufiger Austragungsort von Gartenbauausstellungen als der Höhenpark. Er entstand aus einem aufgelassenen Steinbruch, der zur Reichsgartenschau 1939 seine neue Bestimmung fand. Durch die Deutschen Gartenschau 1950 und zur Bundesgartenschau 1961 wurde die Parkanlage in zeitgenössischem Stil umgestaltet und erhielt bei der vierten und größten Gartenschau – der IGA 1993 – sein heutiges Gesicht.

Der Park wurde 2012 durch die Grüne Fuge – eine Grünfläche mit verschlungenen Spazierwegen – erweitert, die nach dem Wegzug der Messe vom Killesberg angelegt wurde. Sie erweitert seither das Grüne U bis zur Feuerbacher Heide. Diese wiederum bildet einen Übergang in die ausgedehnten Waldflächen, die sich bis in die Außenbezirke Weilimdorf, Botnang und Vaihingen hinein erstrecken.

Die zahlreichen Parkanlagen sind sicherlich ein wichtiger Faktor für die Lebensqualität und das Stadtklima in Stuttgart, wichtiger noch sind aber die 5000 Hektar Wald, die fast ein Viertel des Stadtgebiets bedecken. Daher lautete der noch heute bekannteste Werbeslogan der Stadt in den 1960er-Jahren »Stuttgart – Großstadt zwischen Wald und Reben«.

Schiller und Hegel – der Geniewinkel Stuttgart

»Der Schiller und der Hegel, der Uhland und der Hauff, die sind bei uns die Regel, die fallen gar nicht auf«, so lautet ein alter schwäbischer Angebervers. Und tatsächlich war Stuttgart einst ein Mekka deutscher Dichter und Denker. Viele Schriftsteller und Philosophen lebten und wirkten im 18. und 19. Jahrhundert in der württembergischen Hauptstadt. Unter anderem waren Ludwig Uhland, Friedrich Schiller, Eduard Mörike, Wilhelm Raabe, Wolfgang Menzel, Friedrich Haug und Christian Friedrich Daniel Schubart hier wohnhaft. Gustav Schwab und Wilhelm Hauff wurden in Stuttgart geboren.

Der wohl berühmteste Sohn der Stadt ist der Philosoph Georg Wilhelm Friedrich Hegel. Er kam 1770 in einem kleinen Häuschen an der heutigen Eberhardstraße zur Welt. Der junge Hegel besuchte das Eberhard-Ludwigs-Gymnasium, in dem später auch Schwab, Mörike und Vicco von Bülow alias Loriot Schüler waren. Hegel gilt als einer der wichtigsten Vertreter des Idealismus in Deutschland. Sein Geburtshaus existiert noch immer und beherbergt heute ein Museum. Die dortige Ausstellung befasst sich mit Stuttgart zu Lebenszeiten Hegels und mit den verschiedenen Lebensstationen des Philosophen.

Auch die Geschichte des in Marbach am Neckar geborenen Friedrich Schiller ist eng mit Stuttgart verbunden. Da sein Vater, Johann Caspar Schiller, als Gartenintendant von Schloss Solitude im Dienste Herzog Carl Eugens stand, wurde sein Sohn automatisch dazu verpflichtet, sich in der Hohen Carlsschule – einer herzoglichen Militärakademie – einzuschreiben. In der extrem streng geführten Lehranstalt begann der junge Friedrich ab 1773 zunächst ein Rechtsstudium, wendete sich je-

doch zwei Jahre später dem Medizinstudium zu. Seine eigentliche Leidenschaft – das Verfassen von Gedichten und Theaterstücken – wurde ihm untersagt. Dies führte dazu, dass er sich häufig krankmeldete, um im Krankenzimmer heimlich schreiben zu können. So konnte er trotz des Verbots sein erstes Theaterstück fertigstellen. Sein erstes Gedicht »Der Abend« wurde gedruckt, und er schrieb in Stuttgart »Die Räuber«. Da er durch die Unterdrückung des Herzogs für seine Leidenschaft in Württemberg keine Zukunft sah, floh Schiller 1782 aus Stuttgart in Richtung Mannheim. Trotz der Tatsache, dass der Dichter einst aus ihrer Stadt floh, liebten die Stuttgarter »ihren« Schiller und ehrten ihn fast 60 Jahre nach diesem Ereignis mit der Errichtung des ersten Schillerdenkmals in Deutschland. Die Enthüllung 1839 auf dem Alten Schloßplatz – die Umbenennung in Schillerplatz erfolgte erst rund 100 Jahre später – wurde vom Volk geradezu euphorisch gefeiert.

Das Schillerdenkmal auf dem Schillerplatz wurde 1839 enthüllt.

Nie zuvor hatte eine Veranstaltung in Stuttgart so viele Menschen angelockt. Bis zu 30 000 Interessierte strömten in die Stadt, welche zu jener Zeit nicht einmal 40 000 Einwohner zählte. Als man Bertel Thorvaldsen – den damals angesehensten Bildhauer Europas – bat, die Statue des Dichters zu gestalten, fühlte sich dieser sehr geehrt. Er verzichtete sogar auf sein Honorar, stellte aber Bedingungen. So lehnte er den ursprünglich geplanten Ort für das Denkmal auf dem Schillerfeld – dem Areal des heutigen Hauptbahnhofs – strikt ab. Die für den Guss der Statue nötige Bronze stammte aus eingeschmolzenen Kanonenkugeln. Diese wurden vor der griechischen Küste aus dem Meer gehoben und waren Überreste aus einer Unabhängigkeitsschlacht von 1827.

Dass Stuttgart das erste Schillerdenkmal erhalten sollte, passte der Geburtsstadt des Dichters jedoch gar nicht. In Marbach war man daher auf die Residenzstadt für lange Zeit nicht gut zu sprechen. Über die Entstehung dieses Denkmals schrieb Thorvaldsens Landsmann Hans Christian Andersen – ein weiterer Dichter, der einst Stuttgart besuchte – das Märchen »Die alte Kirchenglocke«. Von der enthüllten Schillerstatue waren die Stuttgarter jedoch alles andere als begeistert. Ernst und nachdenklich schaut er mit gesenktem Kopf drein, kein bisschen heroisch, so wie man ihn im 19. Jahrhundert sah. Mit dem 1913 fertiggestellten marmornen Schillerdenkmal von Adolf von Donndorf – das sich vor dem Opernhaus befindet – sollte sie schließlich doch noch ihren heldenhaften Dichter erhalten. Doch auch das grüblerische Abbild Schillers wuchs den Stuttgartern schließlich ans Herz. So sehr, dass es vor den ersten Bombardements 1942 von seinem Sockel gehoben wurde, um es im Wagenburgtunnel in Sicherheit zu bringen.

Auf Anweisung des US-Militärs wurde das Schillerdenkmal bereits im Jahr 1945 auf dem nach ihm benannten Platz wieder aufgestellt. Umgeben von Kriegstrümmern sollte es ein Symbol neuer Hoffnung für die Stadt sein. Zuletzt mit Stuttgart in Verbindung gebracht wurde der große Dichter 2008. In diesem Jahr wurde das Grab seines Sohnes, Carl von Schiller, auf dem Fangelsbachfriedhof im Süden der Stadt geöffnet, um Carls sterblichen Überresten DNA-Proben zu entnehmen. Dies sollte es möglich machen, einen von zwei in Weimar liegenden Totenschädeln seinem Vater zuzuordnen. Das Ergebnis überraschte: Keiner von beiden Köpfen war der Friedrich Schillers.

Die Weißenhofsiedlung – verschmäht und preisgekrönt

Stuttgart hat unter allen deutschen Großstädten die höchste Architektendichte. Warum sich dies nicht häufiger in einzigartigen und herausragenden Neubauten in der Stadt widerspiegelt, mag man sich also fragen. Häuser von der Stange mit immer den gleichen schnöden Fassaden und den gleichen fantasielosen Grundformen entstehen Jahr für Jahr, und all das direkt vor der Nase der zahllosen Architekturbüros. Dort wird zwar spektakulär und zukunftsweisend geplant, gebaut wird aber anderswo auf der Welt. Einen Vorwurf kann man den Architekten jedoch kaum machen, denn die Stadt lässt innovative und mutige Architektur nur selten zu. Schlicht, unauffällig und klein-klein – das scheint der heute gewollte Architekturstil der Stadt zu sein. Doch das war längst nicht immer so.

Einen sichtbaren, zukunftsorientierten Umbruch in der Stuttgarter Architektur gab es beispielsweise in den 1920er-Jahren. Auf diese Bauwerke war man besonders stolz und warb mit ihnen für die moderne Großstadt. Vor allem im Jahr 1928 wurde eine ganze Reihe dieser Meilensteine eingeweiht. Der Hindenburgbau gegenüber dem Hauptbahnhof – der kurz zuvor fertiggestellt wurde – zählt ebenso dazu wie die Oberpostdirektion in der Lautenschlagerstraße. Sie war – zusammen mit dem Tagblatt-Turm, dem ersten Sichtbetonhochhaus der Welt – Stuttgarts erstes Hochhaus. Auf der Königstraße wurde im selben Jahr mit dem Mittnachtbau ein hochmodernes Bürogebäude fertiggestellt. Das modernste Kaufhaus war damals das Schocken in der Eberhardstraße und eröffnete ebenfalls 1928. Mit Ausnahme des letzten Beispiels sind alle Bauwerke noch heute erhalten und prägen weiterhin das Stadtbild. Der Aufbruch in die Moderne fand jedoch bereits ein Jahr zuvor mit der berühmten Weißenhofsiedlung statt.

Unter Architekten gilt sie noch heute als Meilenstein des Neuen Bauens in Deutschland. Die Siedlung entstand auf einer Brachfläche auf dem Killesberg im Zuge einer Ausstellung mit

dem Titel »Die Wohnung«, die 1927 vom Deutschen Werkbund initiiert wurde. Zu diesem Anlass haben 16 namhafte Architekten wie Mies van der Rohe und Le Corbusier ihre Version moderner Architektur präsentiert. 21 Gebäude entstanden auf dem als Weißenhof bekannten Areal in nur 21 Wochen Bauzeit. Weil das traditionelle Bauen mit den typischen Satteldächern noch der gängige Architekturstil war, stachen die Neubauten besonders ins Auge. Viel Glas für hellere Innenräume, Flachdächer und helle Fassaden gaben der Siedlung ein bis dahin unbekanntes Gesicht. Zur Zeit des Nationalsozialismus wurde die Mustersiedlung aufgrund der Flachdächer als »Araberdorf« beschimpft, und man plante den Abriss der Häuser. Durch den einsetzenden Zweiten Weltkrieg wurde das Vorhaben zwar gestoppt, doch fielen dem Krieg zehn Gebäude zum Opfer.

1985 wurde die gesamte Siedlung unter Denkmalschutz gestellt, die teils stark veränderten Gebäude in den 1980er-Jahren größtenteils rekonstruiert. Die elf Häuser gingen in den Besitz des Bundes über, der sie als »entbehrliche Liegenschaften« be-

Das Haus Le Corbusier im Weißenhofmuseum ist seit 2016 UNESCO-Weltkulturerbe.

trachtete und sie einzeln verkaufen wollte. Die Stadt Stuttgart drängte jedoch darauf, die Siedlung zumindest als Ganzes zu veräußern. Zudem erwarb die Stadt 2002 das Doppelhaus des schweizerisch-französischen Stararchitekten Le Corbusier an der Rathenaustraße 1 und 3, um dort vier Jahre später das Weißenhofmuseum zu eröffnen. In der linken Hälfte des Doppelhauses wird anhand von Modellen, Bildern und Schriftstücken die Geschichte der Siedlung erzählt. In der rechten Haushälfte wurden die bunten Wohnräume komplett rekonstruiert und dienen mit ihren Schiebewänden und den Betten in Einbauschränken als begehbares Exponat. 2016 schließlich geschah etwas, mit dem man kaum mehr gerechnet hatte.

Nachdem bereits mehrmals ein Antrag gestellt worden war, beschloss die UNESCO, dass 17 Gebäude Le Corbusiers in sieben Ländern zum Weltkulturerbe erklärt werden sollten – darunter das Weißenhofmuseum und das Gebäude Bruckmannweg 2. Stuttgart hatte damit endlich seine erste Welterbestätte erhalten.

Neben Mercedes-Benz Museum, Porsche Museum, dem Kunstmuseum und der Stadtbibliothek – wirklich gelungene und viel beachtete Architekturhighlights des jungen Jahrtausends – kann die Architektenstadt nun mit den fast 100 Jahre alten Le Corbusier-Häusern wieder für sich werben. Zum wirklichen runden Geburtstag der Weißenhofsiedlung im Jahr 2027 macht sich die Landeshauptstadt sogar ein eigenes Geschenk. Dann nämlich soll die Internationale Bauausstellung in Stuttgart und der Region veranstaltet werden. Dies lässt hoffen, dass auch die hiesigen Architekten in ihrer Heimat zum Zuge kommen, wenn es darum geht, etwas Einmaliges im Stadtbild zu erschaffen. Eine zentrale Rolle wird dabei das Rosensteinviertel spielen. Nach der Fertigstellung des neuen Bahnhofs soll es auf einem von Gleisen befreiten Areal entstehen. Hier sollen moderne und zukunftsweisende Wohnformen präsentiert werden. Eine Architektur, die sich den Bedürfnissen der Menschen anpasst, nicht andersherum. Es handelt sich also um ein Prinzip, nach dem die Weißenhofsiedlung bereits vor einem Jahrhundert konzipiert wurde.

Stuttgarter Kulturtrümpfe

Das Stuttgarter Ballett – Tanzkunst in der Champions League

Über einem schwarzen Rollkragenpulli trug er ein Jackett mit Pepita-Muster – seinem Markenzeichen. Das war seine Arbeitskleidung. Wenn es feierlich werden sollte, legte er noch eine Schippe drauf. Zum Empfang für Prinzessin Margaret, der Schwester der englischen Königin, in Stuttgart ist John Cran-

Weltklasse – das Stuttgarter Ballett.

ko in Tennisschuhen und einem pinkfarbenen Anzug erschienen. Ein Büro hatte er nicht – seine Besprechungen fanden in der Kantine statt. Er wohnte in einem Kavalierhäuschen des Schlosses Solitude. Über seinem Sofa hing ein Gemälde von Miró. Im Ballettsaal rauchte der sensible Schwule und trank nicht immer nur Mineralwasser.

Es gibt viele Geschichten, die bis heute von John Cranko, dem legendären Begründer des »Stuttgarter Ballettwunders«, erzählt werden. Es sind Geschichten, die verdeutlichen: Der 1927 in Südafrika geborene und 1973 verstorbene Choreograf war tatsächlich ein Mensch, nicht nur ein Gott des Tanzes. Seine Handlungsballette wie »Romeo und Julia«, »Onegin« oder »Der Widerspenstigen Zähmung« sind bis heute weltweit Exportschlager.

»Dieser Junge ist ein Geschenk für dich«, hatte Cranko seiner Primaballerina Marcia Haydée 1962 gesagt, als er ihr »Ricky« vorstellte, den schönen, kräftig gewachsenen, gerade mal 17 Jahre alten Amerikaner Richard Cragun. Mit diesem Paar wurde das Ballettpublikum weltweit beschenkt – und Stuttgart war plötzlich mehr als nur eine Autostadt.

Marcia Haydée und Richard Cragun – ihre Namen glänzten rund um die Welt. Ganz Stuttgart fieberte mit, als die beiden 1969 in die Tanzmetropole New York flogen. »Packt eure Koffer nicht aus, bevor nicht die ersten Kritiken erschienen sind«, warnte Cranko seine Truppe. Doch die rasche Flucht nach Hause war nicht nötig – euphorisch wurde die noch unbekannte Compagnie gefeiert.

Als Stars kehrten die Tänzerinnen und Tänzer zurück, wurden auf dem Stuttgarter Flughafen von Kultusminister Wilhelm Hahn und OB Arnulf Klett wie Staatsgäste empfangen. Die Begeisterung ließ in den folgenden Jahren kaum nach, wenn das Ballett von Auslandsreisen nach Hause kam. Stets flogen Journalisten mit, berichteten täglich von den fernen Triumphen, bis 1973 eine Amerikareise traurig endete. John Cranko war im Flugzeug im Alter von 45 Jahren an einer Herzattacke gestorben. Richard Cragun ist im Jahr 2012 gestorben.

Über 40 Jahre nach dem Tod des legendären Ballettgründers redet die Ballettfamilie über ihn wie über einen treuen Begleiter, der den Laden zusammenhält. »Crankos Geist« ist zum geflügelten Wort geworden. Der Tanz hat sich weiterentwickelt, ist immer athletischer und schwieriger geworden, immer neue Grenzen werden überwunden – doch die Seele bleibt, der künstlerische Kern, den John Cranko einst als Wunder erschaffen hat.

Sein Grab befindet sich auf dem Solitude-Friedhof, unweit des Kavalierhäuschens, in dem er jahrelang lebte. Crankos Choreografien sorgen noch heute weltweit für volle Häuser. Glücklicherweise war dem Pepita-Muster ein solcher Triumphzug nicht vergönnt.

Gauthier Dance – Spitze auch beim modernen Tanz

Die einen kommen, weil's Kult ist – die anderen sind erpicht auf Kultur. Aber alle lieben Gauthier Dance, die 2007 im Theaterhaus Stuttgart gegründete Compagnie. Die Vorstellungen des Ensembles von Eric Gauthier sind meist Monate im Voraus ausverkauft. Vom charismatischen Publikumsliebling des Stuttgarter Balletts hat es der gebürtige Kanadier und Vater von drei Kindern zum international gefeierten Ballettchef geschafft. Der Tausendsassa der Stuttgarter Kulturszene versetzt darüber hinaus mit seinem Tanzfestival »Colours« die halbe Stadt in Bewegung.

Tanz ist für den Choreografen Charles Moulton eine »tiefe, mächtige Sprache«. Mit Janice Garrett hat er sich den furiosen Auftakt für das Ballettprogramm »Infinity« von Gauthier Dance ausgedacht. Ihr Stück dauert nur vier Minuten und treibt als wilder Quickie den Puls des Ensembles und des Publikums in die Höhe. Für Moulton ist Tanz ein Instinkt. Im Programmheft sagt er: »Tanz ist eine Sprache vor den Worten.«

Neben uns im Theaterhaus sitzen zwei ältere Damen, die nur noch ein »Ooooh« und ein »Aaaah« hervorbringen. Bei dem

Eric Gauthier – wer seine Programme sieht, erfährt, was Tanzlust ist.

Stück »Pacopepepluto«, mit dem Alejandro Cerrudo zeigen will, wie ein trainierter Männerkörper wirkt, wenn er (fast) nackt tanzt, drückt sich eine der Damen die Hände an die Wangen, als habe man sie als Voyeurin ertappt. Dann applaudiert sie so heftig, dass ihre Ringe, von denen sie mindestens so viele hat wie Finger, beim Aufeinanderschlagen rasseln und scheppern wie die Blechdosen an einem Hochzeitsauto.

Die Vielfalt, die Eric Gauthier bei »Infinity« verbreitet, setzt sich im Saal fort. Rechts von uns sitzen die älteren Damen, links der wesentlich jüngere Tänzer Marek Ranic, der viel gesehen hat, nun aber staunt, als sei's sein erstes Mal in einem Ballettsaal. »Das ist Weltklasse«, schwärmt er. In der Pause will Ranic einen Aperol Spritz bestellen, überlegt es sich aber anders. »Da ist Süßes drin«, sagt er. Demnächst wird er am Stadttheater Pforzheim, mit wenig Stoff bekleidet, tanzen. Er muss streng mit sich sein. Zucker ist verboten. Was so leicht auf der Bühne aussieht, ist das Resultat von Verzicht, hartem Training, großem Willen und viel, viel Leidenschaft.

Die liegende Acht ist das Symbol der Unendlichkeit, der Infinity. Seit der Gründung seiner Compagnie im Jahr 2007 hat Gauthier viele aufregende Jahre erlebt, in denen es finanziell oft eng war. Nun aber, sagt der Kanadier, der auch als Redner auf der Bühne eine gute Figur macht (sein langes Training bei der »Nacht der Lieder« der »Stuttgarter Nachrichten« hat sich ausgezahlt), habe er das Gefühl, dass Gauthier Dance eine Infinity-Zukunft hat. Sie sollte auch möglichst unendlich sein, um alle Kartenwünsche zu erfüllen.

Wer die Programme von Gauthier Dance sieht, versteht, was Tanzlust mit einem machen kann. Auch manch einer im Theaterhaus hat das Gefühl, einem epochalen Neubeginn beizuwohnen. Hier schweift man nicht in Gedanken ab oder schaut heimlich aufs Smartphone. Hier wird man von einer Überraschung in die nächste gezogen.

»Ohne Tanz«, so wird der Choreograf Po-Cheng Tsai im Programm zitiert, »wäre die Welt tot.« Es wäre eine Welt ohne Gefühle, ohne Wärme und ohne Herzschlag. Sein Credo: »Was lebt, tanzt.«

Über 40 Jahre nach dem Tod von John Cranko sehen wir: Die Tanzstadt Stuttgart lebt – so vielfältig und bunt wie nie.

Das Theaterhaus – eine schwäbische Kulturfabrik

So ein Theater! Und das fast 1000 Mal im Jahr. Auf so viele Veranstaltungen bringt es das Theaterhaus auf dem Pragsattel. Dort, wo die Stadtbezirke Stuttgart Nord und Feuerbach aufeinandertreffen, prallen auch alle Bereiche der Soziokultur aufeinander. Ob Tanz, Schauspiel, Musik, Literatur, Comedy, Kabarett, Politik oder Sport – dieser in ganz Europa einmalige Ort der Kultur bietet ihnen allen Raum, sich einem breiten Publikum zu präsentieren.

Begonnen hatte alles vor über drei Jahrzehnte im Neckarvorort Wangen. Dort richtete sich der 1984 neu gegründete Verein Theaterhaus Stuttgart in einer ehemaligen Glasfabrik ein, umgeben von Kneipen und Prostitution. Es sollte eine Alternative zu den großen, alteingesessenen Theaterspielstätten in der Stadt bieten. Mit der Idee, verschiedene kulturelle Bereiche miteinander zu verknüpfen, betrat man in Stuttgart ebenfalls Neuland. Doch das Konzept ging auf. Ja, sogar so sehr, dass die Wangener Spielstätte schließlich zu klein wurde für das immer größer werdende Interesse an diesem Stilmix. Daher wurde der Entschluss gefasst, die ehemalige Glasfabrik gegen eine verlassene Stahlfabrik einzutauschen.

Die denkmalgeschützten Rheinstahlhallen wurden 2003 bezogen und boten auf einem Areal von über 10 000 Quadratmetern viele neue Optionen. Neben drei Theatersälen unterschiedlicher Größe konnten nun ein eigener Konzertsaal und selbst eine Sporthalle eingerichtet werden. Auch gastronomisch konnte jetzt mehr geboten werden. Neben Getränken und Snacks im weitläufigen Foyer laden in einem Nebengebäude auch ein Restaurant und ein Biergarten zum Verweilen ein. Neben zahlreichen Gastspielen leistet das Theaterhaus mit Produktionen des hauseigenen Schauspielensembles seinen künstlerischen Beitrag im umfangreichen Programmkalender. Dieser soll möglichst noch weiter ausgebaut werden, denn das Interesse am Theaterhaus wächst und wächst. Längst ist auch die alte Rheinstahlhalle an ihre Grenzen gestoßen, der Bedarf an Mietanfragen kann nicht mehr gedeckt werden.

Statt sich abermals nach einer noch größeren, leerstehenden Fabrikhalle umzuschauen, hat sich der Theaterhaus-Verein gemeinsam mit der Stadt Stuttgart für eine Erweiterung vor Ort ausgesprochen. In den kommenden Jahren soll nun ein Gebäude entstehen, das gleich mehrere Funktionen erfüllen soll. So werden dort neben einer Tanzhalle – die mehr als 600 Besucher fasst – auch ein Kulissenlager und Proberäume unterkommen. Eine Karriere als Schallschutzmauer wird das Gebäude ebenfalls starten. Denn rund um den Kulturkomplex wird in den nächsten Jahren eine komplett neue Wohnsiedlung entstehen, welche vom Lärm der an- und abreisenden Besucher und des Lieferverkehrs abgeriegelt werden muss.

Das Theaterhaus – »ein Novum in der europäischen Kulturlandschaft«, so das Ergebnis einer Kulturstudie – wird zweifelsohne in Zukunft das Hertzstück eines neuen Stadtteils sein, der daher unter dem Namen »Theaterviertel« um seine künftigen Einwohner wirbt.

Für das Theaterhaus auf dem Pragsattel wurde eine alte Fabrikhalle komplett umgebaut und neu belebt.

Die Rampe – Theaterfoyer mit Schienen

Das Theater Rampe an der Filderstraße unweit des Marienplatzes in Stuttgart-Süd ist der einzige Spielort der Welt, in den eine Zahnradbahn jeden Abend hineinfährt. Wo das Autorentheater seit 1992 eine Plattform zum Experimentieren mit viel Erfolg nutzt, kommt die »Zacke« zur Ruhe. Die leistet Tag für Tag sehr viel. Bis zum Dienstschluss um 21 Uhr klettert das gelbe Berggefährt, Deutschlands einzige Zahnradbahn im innerstädtischen Liniendienst, mit bis zu 17,8 Prozent Steigung über 2,2 Kilometer vom Marienplatz in den mehr als 200 Meter höher gelegenen Stadtbezirk Degerloch hinauf. Geschlafen

Das Depot der Zahnradbahn nahe dem Marienplatz beherbergt auch das Theater Rampe.

wird unten – unten im Depot, wo das Theater Rampe seine Heimat hat.

Wo sonst zwischen Honolulu und Helsinki gibt's ein Theaterfoyer mit Schienen? Die »Süddeutsche Zeitung« rühmt den einzigartigen Ort, »an dem Erfindertum und Kultur zusammenkommen«. Das gibt es nur in Stuttgart! Manche kommen nur wegen der Zahnradbahn, andere wegen der Theatervorstellungen – aber den meisten gefällt dieses ungewöhnliche Miteinander.

Gegen 21 Uhr, wenn Taxis den Zacke-Betrieb übernehmen, um Anwohnern Nachtruhe zu gönnen, öffnen sich die Glastüren, und schon rumpelt es. Das ist keine Inszenierung. Im Auftrag des Alltags schiebt sich das legendäre Verkehrsmittel hinein. Im Winter wird's kalt. Zuschauer, die zum ersten Mal in der Rampe sind, aber fragen sich: Gehört das zum Stück? Was will uns der Autor damit sagen?

Der Friedrichsbau – ein Varieté steigt auf

Zu den Fans des alten Stuttgarter Friedrichsbau-Varietés zählte Bundespräsident Theodor Heuss. Besonders beeindruckt war er vom Banana-Dance der amerikanischen Tänzerin Josephine Baker. Erleichtert konnte er sein, weil trotz der wilden Bewegungen alles immer gut ausging. Dieses schöne Zitat ist von Heuss überliefert: »Das Bananenröckle ist nicht verrutscht.«

Wer auf der Stelle tritt, schafft keinen Salto. Diese Weisheit kannte man schon im alten Friedrichsbau, der 1900 eröffnet worden ist und eine große Tradition begründet hat. Die Stuttgarter Bühne, die mittlerweile in einem eigenen Domizil auf dem Pragsattel, gleich neben dem Theaterhaus, angekommen ist, zählt zu den renommiertesten Varietéspielstätten in Deutschland – immer bereit für Experimente, ohne dabei den Geschmack des großen Publikums zu ignorieren.

1994 begann die neue Zeitrechnung des Stuttgarter Varietés. 50 Jahre zuvor war der alte Friedrichsbau nach einem Bombenangriff völlig ausgebrannt. Zu den Premierengästen in der Rotunde der L-Bank in Stuttgart-Mitte – nur wenige Meter vom alten Standort entfernt – zählte der damals 87-jährige Schauspieler Oscar Heiler. Es habe sich doch noch gelohnt, 87 zu werden, sagte er dem damals 32-jährigen Max Raabe, dem Moderator der Eröffnungsshow. Es war ein Jahr vor Heilers Tod. Die Jüngeren mochten an ihm seine offenen Worte. Zuletzt sei er »verdrossen« und »müde vom Leben« gewesen. Einsamkeit, Schmerzen, Krebsoperationen – an diesem Abend war alles vergessen.

Vergessen! In seinen besten magischen Momenten zieht uns das Varieté weit weg von kleineren oder größeren Sorgen, zaubert gute Laune herbei, lässt uns begreifen: Das Leben kann so leicht sein, eben so schöööön.

Oscar Heiler und sein Kollege Willy Reichert alias Häberle und Pfleiderer – dem ungleichen Humoristenpaar hat Bildhauer Rudolf Kurz beim Eingang der Rotunde der L-Bank ein Denkmal gesetzt – hatten im alten Friedrichsbau an der Ecke Schloss-/Friedrichstraße Triumphe gefeiert. Das fünfstöckige Jugendstilhaus, von Brauereichef Ernst Wulle erbaut, beherbergte neben Büros im ersten Stock einen 800 Personen fassenden Theatersaal. Hier ließ der große Kassner als erster Zauberer der Welt einen Elefanten verschwinden, hier verblüffte Enrico Rastelli, der König der Jongleure, hier rief Clown Grock sein legendäres »Nit mööööglich!«.

Das Publikum im Friedrichsbau, fand der Kabarettist Uli Keuler für seine Dissertation heraus, war »gutbürgerlich, das Ambiente prunkhaft, aber nicht mondän«. Im Parterre befand sich ein Bierrestaurant. Eine Marmortreppe führte hinauf in den ersten Stock – in die Traumwelt eines mit Weiß und Gold geschmückten Theatersaals, mit viel Stuck, Putten, Blumen. Das Stuttgarter Varieté, das monatlich das Programm wechselte, galt als führend in der Republik. Niemand anderes trat hier so oft auf wie Oscar Heiler und Willy Reichert.

Der alte Friedrichsbau hatte für die Verbreiterung der Theodor-Heuss-Straße weichen müssen. Die Ruine wurde nicht aufgebaut, sondern 1955 abgerissen. 1949 hatte im nahen Metropol-Gebäude ein privates Varieté eröffnet, das 1960 geschlossen wurde. Es dauerte 20 Jahre, bis 1980 das städtische Varieté auf dem Killesberg an den Start ging. Bis 1991 pilgerten die zahlreichen Stuttgarter Varieté-Fans dorthin, 1992 wurde die Bühne in ein Zelt an der damaligen Neckarstraße und heutigen Willy-Brandt-Straße verlegt – der Platz erwies sich als ungeeignet. Rasch war alles vorbei.

Dann aber taten sich der Stuttgarter Musicalunternehmer Rolf Deyhle, der Berliner Tourorganisator Peter Schwenkow und der Wiener Illusionsprofi André Heller zusammen. »Kapriolen«, so hieß 1994 ihre erste Show im neuen Friedrichsbau. Es sollten viele Kapriolen folgen. Das Trio der ersten Stunde hat sich schon lange zurückgezogen.

Die L-Bank hatte nach 20 Jahren genug vom Varieté, schickte die Kündigung. Jetzt gibt es eine gemeinnützige Betreibergesellschaft mit Geschäftsführerin Gabriele Frenzel, die seit 1994 die Chefin im Ring ist, und ihrem jungen Geschäftsführerkollegen Timo Steinhauer. Gefördert von der Stadt ist der

Umzug in einen Theaterneubau auf einem städtischen Gelände neben dem Theaterhaus im Dezember 2014 gefeiert worden. Der Friedrichsbau ist also aufgestiegen: vom Kessel hinauf auf den Pragsattel.

Die erste Premiere im Jahr 2014 stellte das Team und das Publikum noch nicht zufrieden. Doch seitdem wurde viel verändert und verbessert.

Wer auf der Stelle tritt, schafft keinen Salto, wusste man schon im alten Friedrichsbau, das als Haus der Neuheiten und Sensationen galt. Oscar kann zufrieden vom Himmel runterschauen: »Varieté schöööön!«

Die Wagenhallen – Kulturschutzgebiet am Nordbahnhof

Wo einst Bahnwaggons repariert wurden, haben Künstler ein neues Zuhause gefunden – in den Wagenhallen in Stuttgart-Nord.

Das Bahnprojekt »Stuttgart 21« hat einiges in der Stadt durcheinandergebracht. Was positiv und was negativ daran ist, darüber geht der Streit der Einwohner, der niemals endet. In einem Punkt aber dürften sich alle einig sein. Die Waggons und Wagenhallen am Nordbahnhof, die erst durch das umstrittene Bahnprojekt frei wurden, sind als Ort der Kultur ein großer Gewinn für Stuttgart.

1890 hatte die Bahn die Wagenhallen gebaut, um dort Loks abzustellen, zu warten und zu reparieren. Später parkten Busse dort. Für den neuen Tiefbahnhof war das Gelände eigentlich als Logistikfläche geplant. Man ließ es deshalb leer stehen. Doch weil sich bei »S 21« zunächst nichts tat, zogen Künstler in die Waggons. 2003 eroberten sie auch noch die Hallen. Inzwischen ist die Stadt Besitzerin des Areals.

Nach 13 Jahren der Zwischennutzung ist im Winter 2016 dann aber doch eine Ära zu Ende gegangen. Die marode Statik und das brüchige Mauerwerk der Wagenhallen verlangten eine umfassende Sanierung. Bis 2018 dürften die Bauarbeiter beschäftigt sein, eine neue Veranstaltungshalle mit dann 4050 Quadratmetern zu errichten. Bei Konzerten wird dann Platz für 2100 Besucher statt wie bisher für 700 sein. Die Kosten des Umbaus sollen etwa 29 Millionen Euro betragen.

Ob der Charme des Areals erhalten bleibt, steht in den Sternen. Stuttgart sollte jedenfalls dieses »Kulturschutzgebiet« hegen und pflegen, auch wenn irgendwann der unterirdische Bahnbetrieb startet.

Beim Strotmann – man sieht alles und versteht nichts

Die magische Bühne hat nur sieben Reihen. Auf den hinteren Plätzen sind die Zuschauer näher dran als bei David Copperfield in Reihe eins. Wie in einem Amphitheater sitzt das Publikum des Zauberkünstlers Thorsten Strotmann im Halbkreis um ihn herum. Hautnah ist die Magie – und doch ist es nur schwer zu fassen, was vorne im Scheinwerferlicht geschieht.

In einer ehemaligen Lagerhalle hinter der Phoenixhalle des Römerkastells in Bad Cannstatt hat der Zauberkünstler 2009 sein eigenes Close-up-Theater eröffnet, »Strotmanns Magic Lounge«. Mit 180 Sitzplätzen ist der privat geführte Zaubersaal in dieser Größe einzigartig, nicht nur in Deutschland, sondern auch in der ganzen Welt. Vor allem die Mund-zu-Mund-Propaganda sorgt dafür, dass die Karten meist ausverkauft sind und Strotmann knapp zehn Mitarbeiter beschäftigen kann. Bei über 200 Shows im Jahr liegt die Gesamtauslastung, worüber sich der Magier freut, bei 95 Prozent. Keinen Cent gibt es als Zuschuss – und dennoch brummt das Theater so sehr, dass es seine Kapazitätsgrenzen bald erreicht hat. Rund um Weihnachten spielt Strotmann deshalb zweimal am Tag.

Man kann dem Meister auf die Finger schauen – und kommt doch nicht dahinter, wie er es macht, die Naturgesetze scheinbar außer Kraft zu setzen. Man sieht alles – und versteht nichts. Nicht allein die Zauberei ist es, die in der intimen Atmosphäre das Publikum begeistert. Strotmann ist ein begnadeter Entertainer, der Comedy-Elemente in seine verblüffenden Tricks einbaut.

Der Zauberer Thorsten Strotmann ist ein begnadeter Entertainer.

Die Staatsgalerie – »Kunscht für älle«

»Mir brauchet koi Kunscht, mir brauchet Grombiera!« Damit sprach ein württembergischer Landtagsabgeordneter 1827 ein Machtwort. Kartoffeln für alle! Aber auf keinen Fall in wirtschaftlich schlechten Zeiten Geld für einen Antikensaal im Stuttgarter Museum der bildenden Künste – der späteren Staatsgalerie – ausgeben. Ausgelöst wurde die Kunstdebatte durch einen Vorschlag König Wilhelms I., den er an den Landtag richtete. Dieser lautete, den Brüdern Boisserée ihre berühmte Sammlung altdeutscher Kunst abzukaufen.

Die Neue Staatsgalerie ist eine bunte Hommage an die Architekturgeschichte.

Auf die Schwaben angewiesen waren die Kunstsammler jedoch nicht, denn mit König Ludwig I. von Bayern fanden sie schließlich einen begeisterten Käufer. In typisch schwäbischer Selbstironie nahm man die vertane Chance mit Humor und pflanzte lange Zeit in einem Beet vor dem Museum Kartoffeln an. Im Zentrum des kleinen Ackers: das Denkmal des überstimmten Königs. Fair ist das freilich nicht, denn erst diesem Monarchen war der Bau des Museums überhaupt zu verdanken, das heute zu den bedeutendsten Kunstmuseen Deutschlands zählt. Die Sammlung der Staatsgalerie umfasst mittlerweile über 5000 Gemälde und Plastiken, vom ausklingenden Mittelalter bis zur Gegenwartskunst, sowie weitere rund 400 000 Werke aus der international bedeutenden graphischen Sammlung.

Begonnen hatte alles mit der Einweihung des klassizistischen Museumsbaus 1843, in dem zunächst auch die königliche Kunstschule in einem Seitenflügel eine neue Heimat fand.

Diese bereits 1761 gegründete Kunstakademie befand sich zuvor in der Königstraße, konnte dort aber nicht weiter expandieren. Der ursprünglich dreiflügelige Bau musste bereits nach 40 Jahren zum ersten Mal erweitert werden.

Nach der Machtergreifung beschlagnahmten die Nationalsozialisten zahlreiche Werke des Museums, die in ihren Augen als »entartete Kunst« galten. Im Zweiten Weltkrieg wurden zudem viele weitere Kunstwerke zerstört, ebenso wie das Gebäude selbst.

Erst im Jahre 1958 konnten die neuen Ausstellungsräume im alten Museumsbau wiedereröffnet werden. Bedingt durch den Neuerwerb zahlreicher Gemälde wurde der Altbau in den 1980er-Jahren um die Neue Staatsgalerie erweitert. Entworfen wurde sie vom britischen Stararchitekten James Stirling im Stil der Postmoderne. Stirling hatte sichtlich Spaß daran, seine Neue Staatsgalerie wurde zu einer ironischen Hommage an die Architekturgeschichte. Woran sich viele seiner Architektenkollegen nach der Fertigstellung 1984 gestoßen hatten, lädt heute den Besucher geradezu dazu ein, auf Entdeckungsjagd durch die Architekturstile zu gehen.

Wie sein klassizistischer Vorgänger – die Alte Staatsgalerie – wurde das Gebäude als Dreiflügelanlage errichtet. Die Rotunde in der Mitte mit aufsteigender Rampe ist eine freie Interpretation des Kolosseums in Rom. Antik anmutende Säulen, Spitzbogen der Gotik und sogar Wasserspeier, die an Bauten aus dem Mittelalter erinnern sollen, sind hier zu finden. Auf der Rückseite – zur Urbanstraße hin – erinnert der Verwaltungstrakt an Gebäude im Bauhaus-Stil. Die riesigen bunten Lüftungsrohre daneben sind auf das Centre Pompidou in Paris zurückzuführen.

Humor hatte James Stirling wahrlich: So liegen im Rasen vor dem integrierten Parkhaus einige Steinblöcke, als wären sie soeben aus der Wand gestürzt. Doch ist das Loch in der Mauer ebenso Teil der Architektur wie die vermeintlich herausgestürzten Steine. Eines der Markenzeichen des kunterbunten Museumsbaus ist der giftgrüne Noppenboden im Eingangsbereich. Über diesen waren seit der Eröffnung mehr als zwölf Millionen Besucher spaziert, so dass er nach 30 Jahren ausgetauscht werden musste. Um den neuen Noppenboden finanzieren zu können, bot die Staatsgalerie die Möglichkeit, für 50 Euro eine Patenschaft für einen Quadratmeter Boden zu übernehmen. Als der Architekt James Stirling einmal gefragt wurde, warum er sich ausgerechnet für diesen giftgrünen Boden entschieden hatte, meinte dieser schlicht: »Because I like it.«

Musicals & Co – betreutes Träumen auf ehemaligen Krautäckern

Auch andere Großstädte locken mit Musicalhäusern – aber betreutes Träumen im Verbund mit einer Spielbank, einer Saunalandschaft und einem Hotel ist einmalig in Deutschland. Zu verdanken hat die Stadt ihren Touristenmagneten einem ehemaligen Finanzbeamten. Rolf Deyhles Vision vom Entertainment nach US-Vorbild hat sich auf ehemaligen Krautäckern auf den Fildern in Stuttgart-Möhringen weitgehend erfüllt.

Der unter Depressionen leidende Geschäftsmann, den man einst »Musicalkönig« nannte, hat sich im Mai 2014 im Alter von 75 Jahren in der Kur erschossen. Als er noch Chef im Ring war im SI-Centrum in Möhringen, trug er wie bei der Premiere des Musicals »Miss Saigon« im Dezember 1994 sein Jackett gern leuchtend rot. Für das Bild, das die Nation bis dato von den Schwaben hatte, war die Farbe etwas zu laut und zu grell. Doch Deyhle wollte allen zeigen: Die große Welt ist auf den Fildern angekommen!

20 Jahre später, kurz vor seinem Tod, sah man Deyhle in Musberg, einem Stadtteil von Leinfelden-Echterdingen, regelmäßig beim Spaziergang allein im Wald. Dort lebte er zuletzt in einer Vier-Zimmer-Wohnung mit Wintergarten und vergoldeten Wasserhähnen, nachdem er aus seinem riesigen Anwesen bei Waldenbuch, der Totenbachmühle, ausgezogen war. Meist war er dunkel gekleidet und trug eine Buddha-Kette. Mit sei-

nem Mercedes fuhr er direkt vor die Schranke beim Hauberg und lief gebeugt und etwas schwerfällig zu einer Bank am Waldrand. Von dort konnte er auf seine Wohnung blicken und auf die vor sich hin rostenden Masten des früheren Skilifts am »Piz Mus«. Der Schlepplift hat längst seine große Zeit hinter sich und funktioniert seit Jahren nicht mehr.

Das Palladium-Theater ist das jüngere der beiden Musicaltheater im SI-Centrum.

Auch von dem Mann, der das Musical nach Stuttgart brachte, der Hollywood-Blockbuster nach Deutschland holte, der dem Fußballweltverband Fifa Marketing beibrachte und dafür ein vergoldetes Replikat des WM-Pokals bekam, der Golfplätze und Jachthäfen baute, auch von diesem Mann hieß es irgendwann, seine große Zeit sei vorbei. Deyhle, Vater von sechs Kindern, sah das naturgemäß anders.

Sein einstiger, ebenfalls schwäbischer, Geschäftspartner Friedrich Kurz, mit dem er von Hamburg aus den deutschen Musicalboom ausgelöst hatte, beschreibt ihn in seiner Biografie so: »Deyhle ist ein Mensch, dem im öffentlichen Auftreten wenig Charisma gegeben scheint. Sein etwas plumper Auftritt führt leicht dazu, dass man ihn unterschätzt.« Die beiden Schwaben zerstritten sich Ende der 80er-Jahre heftig. Der Kleinkrieg endete 1991 spektakulär: Für 29,5 Millionen Mark trat Kurz, genannt »Fritz the Cat«, seine Stella-Anteile an den Kunstsammler Deyhle ab.

Bis zuletzt wurde der frühere Finanzbeamte fuchsteufelswild, wenn er über sich las, er habe das Musicalunternehmen Stella insolvent verlassen. Hat der typische Fehler der Erfolgreichen sein Imperium zum Fall gebracht? Hat der Mann, dem Boulevard-Zeitungen in den 1990ern als zweiten Vornamen »Milliardär« gaben, im Rausch von Rekordeinnahmen seine Grenzen nicht gefunden? Hat er, um es auf Schwäbisch zu sagen, »den Hals nicht voll gekriegt«?

Deyhles Freunde schildern die Geschichte anders. Als es bei der Stella finanziell eng wurde, hätte er sich mit seinem noch immer reichlich vorhandenen Vermögen vom Acker machen können. Stattdessen habe das SPD-Mitglied hinter den Kulissen um die Arbeitsplätze von Stella gekämpft. Zu dem Zeitpunkt, als Stella Insolvenz anmelden musste, war Deyhle nicht mehr an Bord.

Ums Geld, sagte er, sei es ihm nie gegangen – er habe etwas bewegen wollen für seine Heimatstadt, in der er sich von vielen verkannt fühlte. Ohne ihn, das räumen auch seine Kritiker ein, wäre Stuttgart nie Musicalstadt geworden. Das SI-Centrum ist zu einer wesentlichen Stütze des hiesigen Tourismusgeschäfts geworden.

Die letzten Zeitungsartikel über ihn erschienen, als auf Sylt, seinem zweiten Wohnsitz, Anwohner gegen den Plan von Jürgen Rudloff protestierten, in einem ehemaligen Kino, das Deyhle gehörte, ein Edelbordell einzurichten. In solchen Momenten der öffentlichen Kritik verzog er sich wohl lieber auf die Waldbank in Musberg.

Liefert sein Leben nicht viel Stoff für ein Musical? Die größten Produzenten von Hollywood, verriet er einmal, seien an ihn herangetreten, um die Rechte zur Verfilmung seines Lebens zu kaufen. »Solange ich lebe«, sagte er, »bekommt die keiner.«

Heute werden die beiden Stuttgarter Musicalhäuser, das Apollo- und das Palladium-Theater, von der holländischen Stage Entertainment betrieben. Im Sommer 2015 hat Firmengründer Joop van den Ende 60 Prozent seines Unterhaltungskonzerns an die Anlageberatungsgesellschaft CVS Consult Partners (Firmensitz ist Luxemburg) verkauft. Als Visionäre zum Wohle der Kultur sind diese Finanzjongleure bisher nicht hervorgetreten. Ihnen geht es ums Geldverdienen. Für Experimente in der Stoffauswahl dürften die Stage-Häuser künftig nicht mehr der richtige Platz sein. Das Experimentelle wird den Stadttheatern überlassen.

Die Staatstheater Stuttgart – »das größte Drei-Sparten-Theater der Welt«

Sie ist schon ein Schmuckstück, die Oper, mit ihrer imposanten, halbrunden Fassade, die von zehn Statuen gekrönt wird. Der Spielstätte angemessen, versinnbildlichen sie die verschiedenen Aspekte der Kunst. Die in Stein gehauenen Personifizierungen Architektur, Plastik, Technik, Dramatik, Mimik, Gesang, Lyrik, Musik, Schauspiel und Malerei begrüßen die Musikliebhaber und bieten einen kleinen Vorgeschmack auf das, was sie im Innern erwartet. Denn weit mehr als nur etwas fürs Auge bietet die Oper im schmucken Konzertsaal. Da gibt es ordentlich was auf die Ohren – und zwar Preisgekröntes! Denn die begehrte Auszeichnung »Opernhaus des Jahres« ging seit den 1990er-Jahren bereits siebenmal an das Stuttgarter Haus – zuletzt im Jahr 2016. 50 unabhängige Kritiker aus Europa und den USA haben durch ihr Votum somit mehrfach die hohe Qualität der Inszenierungen eines der besten Opernhäuser der Welt gewürdigt.

Der Stuttgarter Staatsopernchor trägt zu diesem Erfolg maßgeblich bei, denn auch er wurde bereits neunmal zum

Das imposante Opernhaus im Oberen Schlossgarten wurde 1912 eingeweiht.

»Chor des Jahres« ernannt. Das Ensemble des Stuttgarter Balletts, das über die Opernbühne wirbelt, räumt schon seit Jahrzehnten wie ganz selbstverständlich einen Preis nach dem andern ab. Die Stuttgarter Staatstheater bestehen jedoch nicht nur aus dem markanten Opernhaus. Schauspielvorführungen, Ballett und Opern finden in verschiedenen Spielstätten statt. Die Kombination dieser theatralischen Bereiche bildet »das größte Drei-Sparten-Theater der Welt«, wie es auf der Internetseite der Stadt Stuttgart heißt.

Die Haupthäuser befinden sich im Oberen Schlossgarten. 1912 wurde das klassizistische Doppeltheater aus dem sogenannten Großen Haus (Oper) und dem Kleinen Haus (Schauspiel) eingeweiht. Der kleinere Theatersaal wurde jedoch im Zweiten Weltkrieg zerstört und in den 1960er-Jahren durch einen Neubau ersetzt. Die Zeit ohne eigenes Theater überbrückte das Ensemble auf der Bühne des Alten Schauspielhauses an der Kleinen Königstraße. Das Große Haus wurde wie durch ein Wunder bei den zahlreichen Bombardements der Stadt kaum beschädigt. Doch kam man 1956 auf die sonderbare Idee, das Opernhaus müsse dringend »modernisiert« werden. So ließ man durch neue Decken und Wandelemente jeglichen Stuck im Konzertsaal kurzerhand verschwinden und nahm dabei selbst eine Beeinträchtigung der hervorragenden Akustik in Kauf. Dass dieser Umbau ein Fehler war, wurde schnell klar, doch erst in den 1980er-Jahren sollte er rückgängig gemacht werden. Dabei stellte man erfreut fest, dass die Stuckdecken und Ornamente lediglich verdeckt, nicht aber zerstört wurden und rekonstruierte den Saal originalgetreu. Um die beiden miteinander verbundenen Häuser in der Art ihres Angebots klarer voneinander unterscheiden zu können, wurden sie 2001 umbenannt. Das Große wurde zum Opernhaus, das Kleine zum Schauspielhaus.

Die dritte Bühne ist das Kammertheater vis-a-vis der Oper. Das Gebäude des Architekten James Stirling wurde in den 1980er-Jahren erbaut und schließt direkt an die Neue Staatsgalerie an. Das »Nord« am Löwentor ergänzt das Staatstheater mit seiner Probebühne.

Oper, Ballett und Schauspiel haben in Stuttgart eine lange Tradition und fanden schon im 17. Jahrhundert im Neuen Lusthaus direkt am Schlossplatz statt. Es wurde im 16. Jahrhundert errichtet und galt als einer der spektakulärsten Bauwerke der deutschen Renaissance. Das Neue Lusthaus wandelte sich über die Jahrhunderte zum Opernhaus und weiter zum königlichen Hoftheater, wobei sein ursprüngliches Aussehen gänzlich verloren ging. 1902 wurde das Gebäude durch einen Brand zerstört. Die letzten Überreste des Lusthauses – ein Arkadengang und Treppenläufe – wurden 1904 als Ruine in den Mittleren Schlossgarten versetzt.

So wie der Name des Choreografen John Cranko für immer mit dem Stuttgarter Ballett in Verbindung gebracht werden wird, so wird dies im Falle der Oper immer Anna Sutter sein.

Die schöne Anna sang ab 1893 am königlichen Hoftheater und wurde später zur Kammersängerin ernannt. Beim Publikum war sie wegen ihrer Sangeskunst äußerst beliebt – bei den Männern wegen ihrer weiblichen Reize. Durch zahlreiche Liebschaften sorgte die Diva immer wieder für Schlagzeilen. Eine solche sollte ihr schließlich zum Verhängnis werden. Der Hofkapellmeister Aloys Obrist trank sich am 29. Juni 1910 in einer Gaststätte Mut an, besorgte noch einen Blumenstrauß und brach zur Wohnung Anna Sutters auf. Er verschaffte sich dort gegen den Willen des Hausmädchens gewaltsam Zugang und fand die Kammersängerin in ihrem Schlafzimmer vor. Zwei Jahre lang hatte sie eine Beziehung mit Obrist gehabt, diese aber bereits beendet. Mit zwei Pistolenschüssen tötete der Hofkapellmeister Sutter und anschließend sich selbst.

In Gedenken an die beliebte Kammersängerin wurde 1914 der Schicksalsbrunnen – der sich zwischen Opernhaus und Schauspielhaus befindet – errichtet. Er sollte ein Symbol dafür sein, wie das Schicksal unser Leben bestimmt. Freude und Leid werden zur Rechten und Linken des Brunnens durch ein Liebespaar dargestellt. In der Mitte sitzt die Schicksalsgöttin, die in ihren geschlossenen Händen das menschliche Schicksal verborgen hält.

Weniger Dramatisches brachte auch Vicco von Bülow, alias Loriot, zum Stuttgarter Opernhaus. Unter seiner Regie wurde 1986 die Oper »Martha« aufgeführt. Auf dieser Bühne stand der junge Vicco jedoch bereits Ende der 1930er-Jahre, als er mit seiner Familie an den Stuttgarter Eugensplatz zog. Als Komparse sammelte er am Staatstheater die ersten Schauspielerfahrungen. Doch auch im benachbarten Schauspielhaus standen bereits einige Größen im Rampenlicht. Unter anderem spielten hier Ben Becker, »Bienzle«-Darsteller Dietz-Werner Steck und der schwäbische Entertainer Harald Schmidt. Die bis heute glänzendste Phase hatte das Schauspiel in den 70er-Jahren unter der Intendanz von Claus Peymann, als die Bühne mit Schauspielern wie Gert Voss und Martin Schwab drei Mal hintereinander »Theater des Jahres« wurde.

Stuttgarter Käpsele

Mathias Richling – ein Kabarettist mit vielen Gesichtern

Die Trump-Perücke für 20,99 Euro ist im Bestseller-Ranking von Amazon nach der Amtsübernahme des neuen amerikanischen Präsidenten weit nach oben geschnellt. Wird der blonde Schopf des ungewöhnlichen Republikaners zum deutschen Faschingshit? Oder haben ihn Schausteller für ihre Geisterbahn geordert?

Der seit über 40 Jahren in unzähligen Rollen agierende Stuttgarter Kabarettist Mathias Richling hat die Trump-Perücke

Mathias Richling leidet nur an der Politik.

schon in seiner TV-Show getragen, als keiner in Deutschland einen Cent auf den Wahlsieg des Vielgescholtenen gab. »Nach dem Krieg haben die Amerikaner den Deutschen vieles beigebracht an Demokratie und an Mitmenschlichkeit«, sagt der 1953 geborene Kabarett-Star, »jetzt lehren sie uns, wie man Neid und Missgunst unterbietet.«

Vor über 40 Jahren hat Richling im Renitenz-Theater seine Karriere mit einem Valentin-Programm begonnen. Gibt es Gemeinsamkeiten zwischen Richling und Valentin? »Man weiß von Valentin, dass er sehr hypochondrisch war und viele Texte gewiss entstanden sind aus seinen persönlichen Zwängen, die er rational nicht kontrollieren konnte«, antwortet Richling, »aus seinen Leiden an anderen und seiner Umwelt. Das trifft für mich nicht zu. Ich leide nur an der Politik. Und das dokumentiere ich ja auch pausenlos öffentlich. Aber körperliche oder seelische Leiden entstehen dadurch bei mir nicht.«

Jedes Jahr gastiert der Stuttgarter wochenlang bei den Wühlmäusen in Berlin. Was vermisst er als Schwabe in der Hauptstadt am meisten? Außer die »Stuttgarter Nachrichten«, antwortet er, »nicht viel«: »30 Prozent der Berliner sind schwäbischer Herkunft. Woher kam sonst die Beschwerde von Wolfgang Thierse, er möchte beim Bäcker Schrippen kaufen, keine ›Weckle‹. Gegen diese Inländer-Ausgrenzung hätten wir uns Schwaben viel stärker zur Wehr setzen sollen. Die Frage ist also eher, was habe ich in Berlin an Berlinern vermisst?«

In den 1980ern war das Renitenztheater sein zweites Zuhause. Was sich seitdem verändert hat? »Bei mir nichts – ich finde, die anderen sind älter geworden.«

Äffle & Pferdle – erfolgreicher denn je

Vom Pausenfüller zum schwäbischen Kulturgut: Äffle und Pferdle zählen zu den großen Komikern des Landes und ließen als Fernsehstars einst sogar die Mainzelmännchen alt aussehen. Ihr 1996 verstorbener Vater Armin Lang hat mit seinen

Zeichentrickhelden die schwäbische Seele und die schwäbische Logik im Kern getroffen.

Fragt 's Äffle: »Gell, Sahne muass mr schlaga?« Antwortet das Pferdle: »Ja, aber bloß, wenn se net freiwillig uff da Kucha nuffgoht.«

1959 hat Armin Lang mit seinem jüngeren Bruder Volker Lang – die beiden sind in Bayern geboren – sowie mit dem Grafiker Werner Klein die Fernsehfigur des Pferdle entwickelt, nach dem Vorbild des Stuttgarter Wappentiers. Auftraggeber war der SDR, der einen Pausenfüller für sein Werbeprogramm suchte. 1963 kam das Äffle dazu, das recht ernst aussah. Volker Lang, der etwas im Schatten von Armin stand, sorgte dafür, dass das Äffle kindliche Züge erhielt. Der Ältere war ein Tausendsassa, der Gott und die Welt, aber auch halb Stuttgart kannte. Der Dominanz des Älteren wollte der Jüngere schließlich entgehen. Anfang der 1970er stieg er aus und gründete seine eigene Filmproduktionsfirma. Privat verstanden sie sich weiterhin sehr gut, Volker Lang erinnert sich an unzählige »Sitzungen« in Kneipen, bei denen sie ihre Stimmen verstellten, etwa den Hans Moser machten, und dabei auf Ideen für neue Filme kamen.

Der Erfolg, dies hat Volker Lang damals schmerzhaft erfahren, kann auch negative Seiten haben. Weil sein Bruder so sehr beschäftigt war, vernachlässigte er seine Gesundheit, rauchte zu viel und trank nicht immer nur Wasser. Mit 68 Jahren starb

Äffle und Pferdle – zwei schwäbische Originale.

Armin Lang an den Folgen einer Krebserkrankung. Sein 1962 geborener Sohn Armin Lang junior führt seitdem die Geschäfte fort.

Einst nur Begleiter des Werbefernsehens, sind die Trickfilmkumpel selbst zu Stars der Werbung geworden, die Reklame machen für Sprudel, Schokolade oder Möbel sowie auf Briefmarken der BWPost abgebildet sind. Das Duo verkörpert das angeblich typisch Schwäbische, was auch jungen Leuten gut gefällt.

Etwa 1700 Spots mit Äffle und Pferdle ließ das SDR-Werbefernsehen in all den Jahren produzieren, schätzt Armin Lang junior. Auch wenn der SWR die einstigen Pausenhelden 2001 freigestellt hat und keine regelmäßigen Einspieler mehr mit ihnen ausstrahlt, erleben die Figuren seit wenigen Jahren ein Comeback wie aus dem Bilderbuch. Autor Heiko Volz und Volker Lang haben als Stimmen von Äffle und Pferdle maßgeblichen Anteil an diesem Erfolg. Ob bei der großen Schwabenausstellung im Landesmuseum oder in der SWR1-Hitparade bei den größten Hits aller Zeiten – überall sind die Schwabenstars dabei. Ihr Ohrwurm aus den 1970er-Jahren zündet noch immer. »Banana braucht ein jeder Aff'«, heißt es in diesem Blues, »jedes Pferd ischt ohne Hafer schlaff.«

Schwoba send guad em Senga. Und deshalb noch ein Klassiker der beiden: Äffle: »Was isch groß?« Pferdle: »Woiß net.« Äffle: »Stuagert. Was isch no größer?« Pferdle: »Woiß net.« Äffle: »Lensa mit Spätzla.«

Stähles Simultankunst – jeder Sportfan kennt diese Stimme

Ein guter Dolmetscher ist dem Redner immer einen Satz voraus – ein alter Scherz der Branche. Auch wenn dem gebürtigen Westfalen und Wahl-Stuttgarter Jürgen Stähle dies selten gelingt – abhängen lässt er sich nie. Seinen Namen kennen nur wenige, seine warme und sympathische Stimme aber Millionen von Zuschauern von Fußballmeisterschaften und Olympischen Spielen. Wenn Goldmedaillen verteilt werden, ist Stähle für Englisch und Französisch dabei. Er gehört zu einem kleinen Kreis hoch spezialisierter Dienstleister in der internationalen Dolmetscherbranche – es ist das »zweitälteste Gewerbe der Welt«, wie er sagt.

Dolmetscher Jürgen Stähle – ein Markenzeichen.

Dolmetschen ist für ihn auch interpretieren. Viel Zeit dafür bleibt nie. Stähle beherrscht die hohe Kunst der Simultanübersetzung wie wohl kein anderer in Deutschland. Ob im Sport oder in der Politik – es gelingt ihm, sich in den Sprachgestus und Charakter eines Gastes hineinzuversetzen. Er schlüpft mit der Kunst der Sprache quasi in die Haut des Redners. Dafür hat er als erster Übersetzer den Grimme-Preis in Gold erhalten.

Sein Hang zur Perfektion auch in Stress-Situationen wird von Fernsehmoderatoren gerühmt, von denen etliche längst damit begonnen haben, den Namen des Übersetzers zu nennen. Jürgen Stähle – das ist ein Markenzeichen. Nicht nur seine Sprachkenntnis überzeugt, sondern ebenso sein Gespür für Finessen und für überraschende Wendungen. Stets will er den Studiogast sehen, damit er ihm von den Lippen lesen kann, wenn Worte mal vernuschelt werden.

1984 waren seine ersten Olympischen Spiele in Los Angeles – seitdem fehlte er nie. Als seine schönsten Spiele bezeichnet er Sydney. In Rio arbeitete er parallel für ARD und ZDF.

Als Star seiner Branche sind die Sender bei ihm sicher, dass er den richtigen Ton trifft, auch wenn er kaum Zeit hat, darüber nachzudenken. Mitunter schützt der Dolmetscher auch einen Promi vor sich selbst. Als Hollywood-Star Mickey Rourke einst in »Wetten, dass ... ?« für seinen Film warb, wollte Thomas Gottschalk wissen, was er an langweiligen Drehtagen denn so tue. »I sit in my mobile home and jerk off«, antwortete Rourke. Das wohl spaßig gemeinte Bekenntnis zur Onanie milderte Stähle ab: »Dann gehe ich in mein Wohnmobil und entspanne mich.«

Wommy Wonder – ein Fräulein zwischen stilvoll und schlüpfrig

»Die großen Dinge in einem Volke geschehen gewöhnlich durch die Minderheit.« Schon vor 150 Jahren hat das der französische Theologe Ernest Rénan erkannt. Auch Michael Panzer wollte katholischer Theologe werden, ist aber nach

Travestiekünstler mit frechem schwäbischen Mundwerk – das Frl. Wommy Wonder.

dem Staatsexamen an der Weggabelung einem anderen T gefolgt – der Travestie.

Auch wenn sich der Mann von der Alb fortan nicht in den kirchlichen Dienst gestellt hat, wirkt er nun als »Frl. Wommy Wonder«, also als Teil einer Minderheit, am Vorankommen der Mehrheit der Menschheit mit.

Er, sie, es? Wie soll man sagen? Alles passt zu Wommy und Michael, zu der Kunstfigur und ihrem Schöpfer, die es seit über 30 Jahre zwischen stilvoll und schlüpfrig miteinander aushalten, ob als Er, ob als Sie oder als Es.

Diese lange Zeit ist ungewöhnlich in einem Genre, in dem andere keinen Sommer überstehen. Auf einer Größe von zwei Metern (mit Stöckelschuhen noch mehr) führen die Lady und der Ex-Student, die immer zusammen sind, aber doch immer Single bleiben, ein Leben zwischen Plastikperücken und Schaumstoffbusen, zwischen Derbheiten und philosophischen Betrachtungen.

In den grüblerischen Momenten seines Bühnenlebens dringt das Fräulein, das sonst beherzt zugreifen kann in der zentralen Leistengegend des deutschen Humors, weit bis in die Tiefe des Seins vor. Als es um den schiefen Turm von Pisa geht, erklärt Wommy dem Publikum ganz wunderbar, dass alles immer eine Frage der Sichtweise ist. »Der Turm ist gerade«, lehrt uns die Travestie-Lady einleuchtend, »nur die Welt ist schief.«

Ob schief oder gerade – Hauptsache, die Schüsse aus der Pointenkanone treffen mitten rein. Wommy sorgt für Brüller, die in jedem Bierzelt zünden würden. Sehr direkt kann sie also sein, aber sie liefert auch widerborstige, geradezu intellektuelle Späße, die über die Umlaufbahn zum Kopf gehen müssen, damit sie im Zwerchfell überhaupt ankommen können.

Die Mischung ist ein großer Trumpf ihrer Shows. Ihre Gagdichte ist atemberaubend. Der Selbstzweifel ist ihr Begleiter, auch nach über 30-jähriger Karriere, die in der Schule auf der Alb begonnen hat. Dieses ständige Infragestellen von dem, was sie, also der Michael Panzer, macht, verhindert, dass die Show in Routine erstarrt, so starr und bewegungslos ist, wie der Plastikschopf sitzt.

Cro – ein Panda zieht niemals blank

Tierschützer schätzen, dass es noch 1864 frei lebende Pandas gibt, die subtropische Berghänge bevorzugen. Aber nur Stuttgart hat einen, der so gut rappt, dass alle Welt verrückt spielt bei ihm.

Einst saß er im Stuttgarter Pressehaus. Als er noch Carlo Waibel hieß, machte er nach der Mittleren Reife eine Ausbildung zum Mediengestalter im Pressehaus Stuttgart und arbeitete als Cartoonzeichner. Auch die Johannes-Gutenberg-Schule in Stuttgart ist stolz auf ihn – die hat er nämlich besucht. Natürlich würde keiner von uns verraten, wie Carlo ohne Maske aussieht. Aus der Tierwelt wissen wir: Ein Panda zieht niemals blank.

Als jüngster Künstler weltweit hat der Schwabenstolz Cro ein »MTV Unplugged«-Album aufnehmen dürfen. Er tat's in einem Kino mit 300 Zuhörern in Ludwigsburg – in seiner Schwabenheimat. Trotz eigener Bude in Stuttgart wohnt der Rap-Pop-Star im Hotel Mama. »Na ja, eigentlich wohnt Mama im Hotel Cro«, hat er SWR3 verraten. Er zahle schließlich die Rechnungen – wie es sich für einen Pandabuben auch gehört.

Ebenfalls im kleinen Kreis spielte er im Januar 2016 im Club »Wizemann«, im früheren Zapata, den seine Kumpels schmeißen. »Endlich musste ich mal nur zehn Minuten zur Arbeit fahren«, sagte er. Was er an den Schwaben besonders schätzt, ist er vorm Auftritt gefragt worden. »Die Pünktlichkeit«, antwortete Cro. Doch pünktlich konnte er im »Wizemann« nicht starten. Es lag nicht an ihm. Es dauerte, bis die Schlange von der Straße durch die Sicherheitsschleusen kam. Mit zehnminütiger Verspätung ging's los. Vor C und R und O – vor drei großen Leuchtbuchstaben – gab der 1990 geborene Carlo Waibel von Anfang an Gas, stets leichtfüßig, also »easy ea ea mh mh«, wie es in einem Hit heißt. Schon nach dem ersten Song stieg er ins überwiegend weibliche Publikum herab. Viele Mädels waren da – manch einer von den Jungs an ihrer Seite war ihr Vater. Schülerinnen warfen T-Shirts auf die Bühne – mit ihrer Handy-

nummer und ihrem Alter. »Ich will Sex mit dir«, stand auf dem Shirt einer 18-Jährigen. Die Konfetti-Kanone knallte mehrfach. Und ein lebensfroher Cro, der mit seiner Musik federnd gute Laune macht, war in diesem relativ kleinen Rahmen seinen Fans näher als sonst.

»Easy ea ea mh mh« – der Stuttgarter Rapper Cro.

Fanta 4 – vierfach fantastisch

Die fantastischen Jahre gehen weiter und weiter. Als Smudo, Michi Beck, Andy Ypsilon und Thomas D. (drei Abiturienten und ein Friseur) im Jahr 1992 mit »Die da« bis auf Platz zwei der deutschen Hitparade kamen, dachten viele, die Fantastischen Vier seien mal wieder Stars auf Abruf. Die deutschen Hip-Hop-Pioniere indes ahnten womöglich schon, dass noch lange was geht. »Der Traum geht weiter, weil der Zauber wirkt«, heißt es in dem Lied »Der Krieger«.

Mit dem Zauber fing es am 7. Juli 1989 an – bei einem Konzert in einem stillgelegten Kindergarten im Stadtteil Wangen. Die Jungs nannten sich damals The Terminal Team. Dass die vier Rapper mal zum Teil der Stadtgeschichte werden sollten, war selbst in ihren schönsten Träumen nicht vorstellbar. Sie waren die Ersten, die mit Erfolg vormachten: Hiphop, die Musik der schwarzen Slums, funktioniert auch auf Deutsch. Die Begegnung mit ihrem Manager Andreas »Bär« Läsker war das zweite Wunder. Der Rest ist Legende.

Die Fantas riefen dazu auf, die Sonne zu spüren. Dazu gab's klare Anweisungen: »Spiel in deinem Leben auf jeden Fall die Hauptrolle!« Später sangen sie: »Die Jungs haben sich kaum verändert, außer den Augenrändern.« Große Ereignisse wie eine Silberhochzeit werfen ihre Schatten unter die Augen. Und es sind wie früher die kleinen Tricks, die das Leben leichter machen: »Lern zu lieben, wen du siehst, und dazu gibt es einen Trick – sag schnipp dippeldidip!«

Lang ist's her, dieses Schnipp-dippeldidip, aber es dippeldidipt noch immer. Längst gehören die Vier zu Stuttgart wie der Fernsehturm und 's Rössle, auch wenn nur noch einer von den Vier hier lebt.

Ein Blick ins Archiv: Am 22. Januar 1993 spielte das Quartett beim »Aktionstag gegen Hass und Gewalt« vor dem Rathaus. Es gab einen Massenansturm, wie die »Stuttgarter Nachrichten« berichteten: »Schon früh musste die Polizei die Zugänge zum Marktplatz absperren.« Besser hätte man den Schlossplatz

wählen sollten, schrieb Polizeireporter Wolf-Dieter Obst. Mit diesem Andrang habe man nicht rechnen können, erklärte ein Sprecher der Landtagsverwaltung, »das hat eine unglaubliche Eigendynamik entwickelt«.

Auf der Titelseite der »Stuttgarter Nachrichten« war ein Foto des vollgestopften Marktplatzes zu sehen. Eigentlich sollten die Fantas auf Seite eins. So war es mit der jungen Band ausgemacht, weshalb sie genau zum vereinbarten Zeitpunkt die Bühne betrat. Doch dann wählte die Redaktion im Pressehaus das beeindruckende Foto der Masse für den Titel aus. Die Fantas kamen auf die erste Lokalseite. »Es ist gut, dass so viele da sind, um für Menschlichkeit einzutreten«, sagte Smudo, »hört auf, den Kopf zu rasieren.«

Thomas D. und Michi Beck von den Fantastischen Vier mit Fans bei einer Autogrammstunde in der Breuninger-Karlspassage.

Ihre Verbundenheit mit ihrer Heimatstadt hatten sie schon im ersten Erfolgsjahr 1992 bewiesen. Die Fantas ließen sich vor dem legendären Kartenhäusle am Kleinen Schlossplatz fotografieren. Es war die Zeit, als man nicht im Internet seine Ticketwünsche anklickte – das Konzerterlebnis begann beim kollektiven Anstehen vor dem berühmtesten Betonkasten der Stadt. Der Stuttgarter Rapper Max Herre hat diesem Ort eine tolle Hymne verliehen. Auszug aus dem Lied »1ste Liebe«: »Erinner mich, wie wir am Kleinen Schlossplatz rumgesessen sind. Ich zwar zwölf und Rollerskater, Cryptos, breite Achsen unter ollen Tretern, fuhr mit 50 Sachen down und mich hat's gebrettert, hab mein Arm geschreddert.«

Martin Bukovsek – Weltmeister im Stillstehen

Abschalten! Wer das kann, kann viel. Erst waren die Geräte auf Stand-by, also immerzu in Betriebsbereitschaft. Dann haben die Menschen diesen Modus übernommen. »Abschalten lernen in drei Wochen«, so heißen moderne Seminare, die uns keine Ruhe lassen, weil wir alle Punkte gewissenhaft durchackern müssen, die im Begleitheft dick unterstrichen sind.

Abschalten! Manche meinen ja, in Kirchen sollten Verbotsschilder aufgehängt werden, auf denen ein Handy rot durchgestrichen ist. Aber warum sollte man sich über pubertäre Konfirmanden empören, die selbst im Gottesdienst die neuen Facebook-Posts am Taschentelefon abrufen? Wo doch diese Unart ebenso bei Erwachsenen verbreitet ist, die in Parlamentssitzungen oder bei Vorträgen ihre Finger nicht von diesen Dingern lassen. Da wird irgendein Live-Ticker verfolgt oder im Sport-App gecheckt, ob der Herr X noch Trainer von Y ist. Ist gar nicht leicht, höflich zu sein, also dem Redner zu lauschen oder deinem Date im Café, wenn dein Smartphone piepst und dir mitteilen will, dass der Goldkurs steigt oder dass ein Spam mit Viagra-Angebot eingegangen ist. Dazu müsste man wissen, wo sich der Ausknopf befindet.

Und wo ist die Pausentaste bei einem Menschen? Der 1970 geborene Stuttgarter Artist und Zirkuspädagoge Martin Bukovsek, seit Dezember 2016 Moderator des Weltweihnachtscircus auf dem Cannstatter Wasen als Nachfolger des verstorbenen und in Stuttgart legendären Peter Goesmann, hat sie vor über 20 Jahren bei sich entdeckt. Seitdem steht er im Guinness-Buch der Rekorde. Seine Disziplin: Stillstehen. Martin hat es 16 Stunden, 16 Minuten, 16 Sekunden lang geschafft. Bis heute ist das Weltrekord.

Nein, es sei nicht seine Absicht gewesen, ins Guinness-Buch zu kommen und berühmt zu werden. »Als Zirkuspädagoge wollte ich den Schülern zeigen, dass man ein Ziel erreichen kann, wenn man es sich nur fest genug vorgenommen hat«, sagt Carismo, so sein Künstlername. Er wollte vorführen, wie

Martin Bukovsek führt durch das Programm des Weltweihnachtscircus.

lohnend es ist, nicht aufzuhören, bevor was zu Ende ist. Und er wollte klar machen, dass Stillstand die beste Fortbewegung sein kann – die Fortbewegung im Kopf.

Meditieren, innehalten, Kraft schöpfen. Es überrascht nicht, dass Martin Bukovsek weder ein Smartphone besitzt noch einen Fernseher. Immer wieder steht er öffentlich still. Zuletzt hat er in der Konzertreihe »Klangraum Stille« die Kirche St. Fidelis in vier Stunden und 16 Minuten von hinten nach vorne so langsam durchschritten, als könne er damit die Zeit anhalten. Es schien, als nehme er nichts mehr um sich wahr. Er war in seine Gebete vertieft. Der christliche Glaube gibt ihm Halt. »Das Kreuz ist meine Kraftquelle und meine Lebensversicherung«, sagt er. Als Luftakrobat wolle er deshalb so hoch hinaus, um dem Himmel und damit Gott nahe zu kommen.

Wenn er keine Halle zum Trainieren hat, hängt er sich an einen Baum im Wald. Die Arbeit mit dem Vertikaltuch erfordert Höhe: »Ich muss mich aus 15 Metern Höhe runterfallen lassen.« An einem Hubschrauber hing er schon und wird weitere waghalsige Dinge unternehmen. »Es geht mir nicht darum, einen Kick zu bekommen«, erklärt er. Es geht ihm um ein Leben in innerem Frieden und im Glauben. Dazu braucht man immer wieder Stille. Sie ist die Quelle der Gedanken. Wer in die Stille horcht, kann Antworten finden.

Walter Schultheiß – die schwäbische Seele

Auf die erste Kinohauptrolle seines Lebens musste er warten, bis er 88 Jahre wurde. Aber was heißt schon warten? Der Schauspieler Walter Schultheiß, Jahrgang 1924, ist niemals den Sendern und Produzenten hinterhergelaufen. PR in eigener Sache liegt ihm nicht. Lieber zerbeißt er sich die Zunge, als dass er seine Stärken auch nur in einem Halbsatz erwähnt.

Wer von ihm wissen will, auf welchen Film er in der Rückschau besonders stolz ist, bekommt eine klare Antwort. »Wieso sollte ich stolz sein?«, wehrt der gebürtige Tübinger ab, »ich

hab doch nur meine Arbeit getan – das machen viele in ihrem Bereich.«

Walter Schultheiß hat das Schwabenbild in Deutschland erweitert.

Sein »Bereich« ist das Schwäbische. Es gab Zeiten, da gefiel es ihm nicht (auch wenn er es öffentlich nie zugegeben hätte!), wenn man ihn einen »Volksschauspieler« nannte. Klingt dieses Wort nicht nach heimattümelnd, womöglich nach »Schwobaseggel«? Doch im Alter sieht man vieles nicht mehr so streng. »Ich hab den Beruf des Schauspielers gelernt«, sagt er, also nicht den Beruf des Volksschauspielers. Seiner Frau Trudel Wulle – sie ist auch Schauspielerin, beide haben sich 1947 auf der Bühne kennengelernt – überlässt er die Antwort. »Volksschauspieler – das ist doch eine Auszeichnung!«, sagt sie, »dieser Begriff unterstreicht, dass ihn das Volk mag.«

Und wie ihn das Volk mag! Nach den großartigen Kritiken, die Schultheiß für die Rolle des schwäbischen Textilunternehmers Paul Bogenschütz in dem Kinofilm »Global Player« von Hannes Stöhr auch in der überregionalen Presse erhielt, vielleicht noch ein bisschen mehr – falls da überhaupt noch eine Steigerung möglich ist.

Wenn man im Kino sieht, wie die überdimensionalen Gesichtszüge des Seniorchefs entgleiten, weil das Lebenswerk dieses zuvor stolzen Patriarchen, dessen Anweisung Gesetz war, an die Chinesen verramscht wird, und wie dieser gebrochene Held mit 90 Jahren von dem traumatischen Schmerz der Kriegserinnerungen heimgesucht wird, dann mag man Walter Schultheiß nicht mehr als Volksschauspieler abtun. So intensiv spielt er diesen Bogenschütz, dass die Männer bei sich eine Gänsehaut spüren und die Frauen sich ihrer Tränen nicht schämen.

Sein Beispiel zeigt: Mitunter kommt das Beste erst sehr spät. Schultheiß ist ein Mann wie sein Land, in dem Understatement zur wahren Stärke wird. Man sollte Schwaben nicht unterschätzen – am Ende stehen sie als Sieger da, weil keiner mit ihnen rechnet.

Auch das Lob für »Global Player« schiebt der »Ehrenspielführer« der Stuttgarter Schauspielbühnen mit einer Pointe auf Distanz. Das Schwierigste bei den Dreharbeiten, sagt er, sei es gewesen, ihn mit seinen damals 88 Jahren auf 90 zu schminken.

Ein Gespräch mit Walter Schultheiß wird zu einem turbulenten Slalom von einem Kalauer zum anderen. Bevor man die nächste Frage stellen kann, muss man sich lachend erst mal sammeln. Ein geborener Monarchist sei er, erfährt man, »denn ich wurde per Kaiserschnitt geboren«. Die Frage nach dem Rollenwunsch, der sich bis heute nicht erfüllt hat, beantwortet er mit: »die Jungfrau von Orleans«. Und die Intensität seines Lampenfiebers hänge »von der Anzahl der Lampen« ab.

Das klingt heiter und unbeschwert – sein Leben war es nicht immer. Vielleicht ist seine permanente Pointen-Präsenz nur der Versuch, nicht zu viel Privates zu offenbaren und sich selbst zu schützen. Auch in der Familie, berichtet sein Sohn Götz Schultheiß, ein Journalist, ist er meist so schlagfertig wie bei öffentlichen Auftritten. Es ist sein Gehirnjogging, um im Kopf fit zu bleiben. Nur morgens beim Frühstück rede er nicht. Da liest er die »Stuttgarter Nachrichten« und will nicht gestört werden – seit über 50 Jahren.

Walter Schultheiß gehört zu einer Generation, die an der Kriegsfront gelitten und danach das Land aufgebaut hat. In dieser Generation lichten sich die Reihen. Seine Jugendfreundin und Nachbarin, die Tochter des Verlegers der »Tübinger Chronik«, ist vor etwa zwei Jahren in England gestorben. Sie war Jüdin und plötzlich verschwunden. »Ich war damals neun«, erzählt Schultheiß, »erst nach dem Krieg habe ich verstanden, was passiert ist.« Als die Stadt Tübingen die geflohenen Juden einlud, traf er sie wieder. Sie hielten Kontakt bis zu ihrem Tod. Der Vater von Schultheiß war Kraftfahrer des Zeitungschefs. Er hatte dem Sohn erklärt, die Verlegerfamilie sei nach Afrika gezogen. In dieser Zeit war die Wahrheit ein Wagnis.

Wie der Textilunternehmer Bogenschütz spricht auch der Schauspieler nicht gern über seine Erlebnisse im Krieg. Aber man spürt, tief im Inneren liegt noch viel verschüttet, was nicht verarbeitet ist. Mit 18 Jahren war Walter Schultheiß 1942 zum Russlandfeldzug eingezogen worden. Er war Kanonier und sah nicht, auf wen er schoss. Am 1. Mai 1945 – eine Woche vor Kriegsende, Hitler war bereits tot – traf ihn eine Kugel in den Bauch. Es grenzt an ein Wunder, dass er überlebt hat. Während andere im Alter an die Orte ihrer gestohlenen Jugend zurückkehren, in Russland auf Spurensuche gehen, ist für ihn dies unvorstellbar. »Für kein Geld der Welt« würde er die Kriegsschauplätze noch einmal aufsuchen.

Wenn er schon über die Vergangenheit reden soll, dann über seine Liebe zum Theater und zu Trudel Wulle. Der vom Bauchschuss abgemagerte Mime erzählte 1947 vor einem hungernden Publikum in Stuttgart so bildhaft »das Märchen von den dicken, fetten Pfannkuchen«, dass sich Trudel sofort verliebte. »Meine Frau ist das Beste, was mir passiert ist«, sagt Schultheiß und setzt erneut eine Pointe: »Ich kann sie jedem nur empfehlen!«

Ernste Rollen waren's, für die er als junger Mann für die Bühne brannte. Bestimmt mehr davon hätte er gespielt, wäre nicht der große Erfolg mit dem Straßenkehren dazwischengekommen. Der zweite Partner seines Lebens war Werner Veidt.

Mit ihm bildete er zwei Jahrzehnte lang das Straßenkehrer-Duo (»Ich bin der Straßenkehrer Gottlob Friederich, ich kehr für Arm und Reich, für Hoch und Niederich«). Auch wenn damit keine Zeit für seine Traumrollen blieb – der bald 90-Jährige verdankt diesen Jahren seine große Bekanntheit, die er noch immer spürt, wenn er durch Stuttgart läuft. Oft habe er sich geärgert über den »Schwabenstempel«, der ihm aufgedrückt worden ist. »Aber man lernt, damit zu leben und es zu nutzen.«

Zu einem Wendepunkt seiner Karriere ist in den 1970ern der Fernsehfilm »Pannenhilfe« im ZDF geworden. Damit wurde er auch über die Landesgrenzen hinaus bekannt. Der TV-Autor und Landsmann Felix Huby sah den ZDF-Film und war begeistert. Unbedingt wollte er für diesen kantigen Schwaben etwas schreiben. Und er hat viel für ihn geschrieben. Als Köberle, Eisele, Eugen, als Altpfarrer Merkle in »Oh Gott, Herr Pfarrer« und Altbürgermeister Holzwarth von Bärenbach – alles Drehbücher von Huby – hat Schultheiß das Schwabenbild in Deutschland erweitert und ist zum sympathisch-bruddeligen Botschafter eines Volksstamms geworden, über den man sich jenseits der Landesgrenzen gern lustig gemacht hat. Kaum einer hat die schwäbische Seele so gut verkörpert wie er. Doch dann kam die Zeit, in der sein Sender SWR kaum noch Schwäbisches ins Programm brachte. Von da an spielte Schultheiß für private Sender, etwa in »Hallo Uncle Doc«, und wurde zum Publikumsliebling in der Komödie im Marquardt und im Alten Schauspielhaus.

Was also war seine schönste Rolle? »Die Frühlingsrolle«, lautet die Antwort. Wieder mal ein Kalauer, damit er nicht selbst preisgeben muss, was seine Frau für ihn tut. Dass er nicht mehr für eine längere Spielzeit Abend für Abend auf der Bühne stehen könne, weil der Körper da nicht mehr mitmache, obwohl der Kopf noch fit sei, falle ihm schwerer, als er dies zugeben könne.

Aber vielleicht wird ihm wieder eine schöne Kinorolle angeboten. Er könnte dann ja mal von 90 auf 100 geschminkt werden. In der Verfilmung des Bestsellers »Der Hundertjährige, der aus dem Fenster stieg und verschwand« wolle er aber nicht mitspielen: »Ich will noch nicht verschwinden.«

Dies wünschen auch seine vielen Fans. Möge dieser große Schauspieler und große Schwabe noch lange mitmischen! Wer im Schwabenland aufgewachsen ist, kennt und schätzt ihn, als gehöre er zur eigenen Familie.

Laura – die Mutter der Schwulen

Keiner rollt das R so schön wie sie: Wenn ihr etwas nicht gefällt, ist das für sie »Horror«, was bei ihren Rs furchterregend klingt. Die Wirtin Laura Halding-Hoppenheit engagiert sich seit über 40 Jahren für Toleranz. Als Anfang der 1980er die Aids-Angst erschreckende Ausmaße annahm, wandelte sich die gebürtige Rumänin von der exotisch-flippigen Schwulenfreundin zur politischen Aktivistin. Vom Rand aller Gruppen ist die Mutter von zwei Kindern (ihr Sohn ist Beigeordneter und

Laura Halding-Hoppenheit, beim CSD immer vorne mit dabei.

Stadtkämmerer in Gummersbach) und Großmutter von zwei Enkeln bis in die Mitte der Gesellschaft vorgedrungen. Die Stadträtin der Linken wird quer durch die Fraktion verehrt. Der Regisseur Rosa von Praunheim hat ihr ein cineastisches Denkmal gesetzt. In dem Film »Laura – Das Juwel von Stuttgart« spricht Laura offen über ihren ersten Sex mit 17, erwähnt eine Abtreibung als Studentin, erzählt, wie sie für einen schwulen Mann die erste und letzte Frau war – nur bei einem Thema blockt die Bundesverdienstkreuzträgerin ganz entschieden ab. Ihr Alter ist tabu!

»Wenn der Rosa in dem Film mein Alter genannt hätte, wäre er jetzt tot«, sagt die »Mutter der Schwulen«, deren rote Haare für Stuttgart das sind, was Udo Lindenbergs Hut für die Nation ist: ein Statement.

In Rumänien hatte Laura einen tyrannischen Vater ertragen. Zum Kunststudium ging's nach Hamburg, wo die Liaison mit einem Chefredakteur begann. In den 1970ern zog sie mit ihm in eine Villa nach Stuttgart. Dort wollte sich kein Spießerglück einstellen. Wohl fühlte sie sich nachts mit schwulen Künstlern. Nach der Trennung von ihrem Mann verlor Laura den goldenen Käfig. Fortan musste sie Geld verdienen, weshalb sie im »Kings Club« jobbte. In dessen Betreiber Thomas Bergmeister verliebte sie sich, war für ihn »die erste und letzte Frau«. Bald wurde sie selbst Chefin des Kings-Kellers. Als der »Kings Club« 1977 in einem Keller an der Calwer Straße ohne Beleuchtung fast heimlich eröffnet hatte (nach illegalem Vorlauf), flogen wenig später Steine durch den Eingang. Heute wünschen die Gäste ein helleres Fassadenlicht – verstecken will sich keiner mehr.

Noch immer hat die Stadträtin die Titelseite des »Spiegels« vor Augen, bei der es 1982 zum ersten Mal um die »tödliche Seuche« ging. In ihrem Club wurde Aids drastisch buchstabiert: »Ab in den Sarg.« Die exotisch-flippige Schwulenfreundin wurde zur politischen Aktivistin im Kampf gegen die Krankheit. Bis heute finanziert sie Anti-Aids-Projekte und vieles mehr aus eigener Tasche. Statt Geschenke zum runden KC-Geburtstag bat die Wirtin um Spenden.

Als von Praunheim 1991 Promis wie Alfred Biolek und Hape Kerkeling outete, war die rothaarige Wirtin strikt dagegen. Aber das ist lange her. Jetzt können Laura und Rosa stolz zurückblicken auf das Erreichte. Im Februar 2017, als die Wirtin den 40. Geburtstag ihres »Kings Club« mit 500 Gästen im Stuttgarter Rathaus feierte, hat sie sich an ihre Enkel gewandt, die in der ersten Reihe saßen.

Wenn sie mal groß seien und fragen würden, was die Oma auf den alten Fotos mit den Fahnen machen würde, sollten die Eltern ihnen sagen: »Heute müssen wir nicht mehr demonstrieren, heute haben wir uns alle lieb.«

Anni Weigand – die Grande Dame des Puppenspiels

Papperlapapp! Wer dummes Zeug rausredet, sich in Ausflüchten ergeht, muss damit rechnen, dass er mit einem Ausruf gebremst wird. Papperlapapp! Wenn man dieses lautmalerische Wort nur ein wenig verdreht, sind die Assoziationen ganz andere. La Plapper Papp – das klingt in Stuttgart nach Poesie, nach Parodie, nach plappernden Papp-Puppen mit Plüsch. Wir

Anni Weigand mit ihren Darstellern.

sehen: Mitunter sind nur kleine Veränderungen nötig, um eine neue Sicht auf die Welt zu bekommen.

Anni Weigand, die 1920 geborene Grande Dame des Stuttgarter Puppenspiels, versteht es, mit einfachen Mitteln die Fantasie zu beflügeln. In den 1960ern hat sie ihr Theater La Plapper Papp im Gewölbekeller des Werkstatthauses Ost gegründet. In all den vielen Jahren fehlte sie nur bei einer einzigen Vorstellung, als sie im Krankenhaus lag. »Wenn ich sonst krank war, dann allenfalls zwei Tage lang – aber nie an Aufführungstagen«, sagt die Mutter der knallbunten Stabpuppenkompanie.

Mit hinreißenden Geschöpfen, deren Münder und Oberweiten groß sind, aber vor allem auch mit deren Herzen hat sie Generationen von Stuttgartern verzaubert. Ihre Shows trugen lustvolle Titel wie »Frivoletto« und »Tausendundeine Pracht«.

Schweren Herzens hat sich Anni Weigand im Sommer 2016 dazu durchgerungen, Abschied von ihrem Theater zu feiern. Ihre Geschöpfe sind unvergessen, die Spieler von einst treffen sich regelmäßig.

Das Altwerden ist nicht so lustig wie Annis Revuen. Wer die positiven Dinge sieht, hat mehr vom beschwerlichen Leben. Fragt man die Puppenmutter, wie es ihr geht, erhält man die einleuchtende Antwort, alles könnte viel schlechter sein. Ihr Glück sei es, dass der Kopf funktioniere, anders als die Beine. Wäre es umgekehrt, fände sie's richtig blöd. Humor hilft in der Schlussphase des Erdendaseins.

Puppen altern nicht. Auch nach vielen Jahrzehnten sind ihre Bewegungen kess und geschmeidig wie eh und je. Wären Menschen so lange zur Musik herumgehüpft, die Knochen würden krachen, die Gelenke wären hinüber.

Nachfahren, die ihr Erbe übernehmen könnten, gibt es bei Anni Weigand nicht. »Meine Puppen sind meine Kinder«, hat sie oft gesagt. Sie hat demnach 200 Kinder. Ein Großteil davon soll ins neue Stadtmuseum.

Stuttgart zählt zu den wichtigsten Puppentheaterstädten der Republik. Dass hier über fünf Jahrzehnte eine Puppentheaterchefin mit überschäumender Lebensfreude gewirkt hat – das gibt es nur in dieser Stadt!

Topas – oder der Horst und sein Fröschle

Die Blüten der Buntnessel, so steht's im Pflanzenlexikon, fallen weder durch Schönheit noch durch Duft auf. Bei der »Froggy Night« im Renitenz-Theater aber ist die Buntnessel der Star. Und sie heißt Horst.

Seit 2011 steht Horst auf der Bühne, wenn Thomas Fröschle alias Magier Topas einen prominenten Gast zum Zaubern bittet. Bei der »Froggy Night« ist Horst mehr als ein Maskottchen. Horst verkörpert mit seinem Namen den Durchschnittsbürger, der nicht auffallen mag und meist abseits steht. Doch jeder Horst hat was, was ihn antreibt. Horst kann in die Zukunft blicken.

Als 2010 das Renitenz-Theater ins Hospitalviertel umgezogen ist, wollte Intendant Sebastian Weingarten mit einer neuen, attraktiven Show dafür sorgen, dass der nun größere Theatersaal auch immer gut gefüllt ist. Weingarten erfand die »Froggy Night«.

Dank Sponsorenhilfe kann das Konzept, mehrere Künstler einzuladen und von einem Promi einen Zaubertrick zu verlangen, umgesetzt werden, ohne dass der Eintritt unerschwinglich wird. Fast immer dabei sind Monika und Jürgen Pflüger, die wohl größten Fans der Froggy Night. Für ihre Treue hat Topas,

Der Zauberer Topas ist zweifacher Weltmeister.

der zweifache Weltmeister der Magie, der mit seinem bürgerlichen Namen Thomas Fröschle auch als Comedian auftritt, ihnen einen Ableger von Horst geschenkt. Sie sahen unter anderen Alfred Biolek, Katja Ebstein, Fritz Kuhn und Pierre M. Krause als Zauber-Promis. Die Pflügers waren bei der kultverdächtigen Show dabei, als der angekündigte Roberto Blanco nicht kam. Der war am Berliner Flughafen stecken geblieben, worauf sich alle Comedians schwarze Farbe ins Gesicht schmierten und »Ein bisschen Spaß muss sein« anstimmten. Als Roberto doch kam, waren die Stammgäste im Urlaub.

Welche Show die beste war? Den Pflügers fällt es schwer, ihren Favoriten zu nennen – aber die zum fünften Geburtstag der Froggy Night gehöre dazu. Da sang Musicalstar Kevin Tarte hammermäßig »Unstillbare Gier« aus »Tanz der Vampire« und sorgte für Gänsehaut. In der Fröschles-Nacht brachte er einen Stehtisch zum Schweben.

Und was machte Topas? Später bei der Party im Foyer wollte er der Bitte nicht nachkommen, einen Tisch mit Magie anzuheben. Aber vielleicht kann er auch nur Jungfrauen.

Christof R. Sage – die schwäbische Antwort auf Burt Reynolds

Ob Angela Merkel oder Bill Clinton, ob der Dalai Lama oder der Papst – einer hatte alle vor der Linse: Christof R. Sage! Er ist der Lieblingsfotograf der Stars und längst selbst einer. Der mit Vorliebe auffällig gekleidete Herausgeber des Magazins »Feine Adressen«, der etwa an 200 Tagen im Jahr dienstlich um die Welt jettet, ist die schwäbische Antwort auf Burt Reynolds – und ein feiner Kerl sowieso: Kein anderer Mann dürfte so viele Schuhe besitzen wie er.

Früher brauchte man Vitamin B – heute Netzwerke. Jemand zu kennen, der jemanden kennt, hat noch nie jemandem geschadet. Und der beliebte Fotograf, der vor über 40 Jahren seine Agentur Sage Press gegründet hat, scheint alle zu kennen.

Sein größtes Glück ist es deshalb auch, Menschen zu vernetzen und sie in Geflechte zu verwickeln, die den Geschäften, der Information und vor allem dem Spaß dienen. Das Geheimnis seines Erfolgs: Er behandelt Promis wie ganz normale Menschen. Wenn man ihn bei Begegnungen mit Vip und Wichtig sieht, könnte man meinen, er ist der Chef. Denn alle hören auf sein Kommando.

Christof R. Sage – auf sein Kommando hören alle.

»Altstadtmaler« Jürgen Leippert – gesund sterben ist nicht sein Ding

Vom »New Yorker Virus« hat sich der Künstler Jürgen Leippert, der sich selbst unter »expressivem Realismus« einordnet, jahrelang anstecken lassen. Es gab Zeiten, da malte er wie besessen in New York und konnte sich eine Rückkehr in die schwäbische Heimat nicht vorstellen. Doch jetzt ist er wieder gern daheim, was nicht nur an seinem Alter liegt. »In New York darf man nicht mal mehr im Central Park rauchen«, sagt Leippert voller Unverständnis. Manch ein Künstler muss auf Widrigkeiten stoßen, um noch besser als gut zu werden. Aber New York machte es ihm dann doch zu schwer.

»Daheim« – das ist bei ihm die Stuttgarter Altstadt. Dort befindet sich sein Atelier neben Laufhäusern. Jürgen Leippert ist ein Szene- und Grenzgänger mit guten Freunden aus dem Milieu. Allein von der Rente kann einer nicht leben, der immer gegen den Zeitgeist angemalt hat.

Oft wird der Mützenträger mit den flinken Augen als »Altstadtmaler« bezeichnet, als der Toulouse-Lautrec des Städtles – seine Arbeit aber beschränkt sich nicht auf Separees, auf die Melancholie, die Einsamkeit und das Elend im Rotlichtviertel. Seine Landschaftsbilder und Großstadtstudien sind eindringliche Kompositionen aus Realität und Fantasie. Oft hat er sie zigfach übermalt, so dass zentimeterdicke Schichten reliefartig eine fast dreidimensionale Wirkung erzeugen.

Der Künstler, der an einem Vernissage-Abend im Degerlocher Bezirksrathaus einen Gast nach dem anderen auf die Wange küsst, ob junge Dame oder älterer Herr, ist ein Freigeist und expressiver Realist. Mit seiner Kunst ist er nie dem Mainstream gefolgt. Er gehört nicht zu jenen Malern, die Frauen auf eine so unterwürfige Weise porträtieren, dass sie um zehn Jahre jünger aussehen. Schöntrinken oder schönmalen ist nicht sein Ding. Wahre Schönheit findet er in Falten, Furchen, in den Spuren eines gelebten Lebens. Fast ist es so, als könne man den Charakter der gemalten Menschen in Leipperts Farben riechen.

Die Zahl der Farbtuben, die er in über 50 Jahren ausgedrückt hat, geht in die Zehntausende. Seit Gründung der Künstlersozialkasse hat er dort eingezahlt – und bekommt doch nur wenige Hundert Euro Rente. Wenn er über die Leiden des alten Malers spricht, der jeden Tag wie besessen ins Atelier geht, weil die Kunst, die ihn antreibt, keine Rücksicht auf sein Alter nimmt, kehren die Worte seines Lehrmeisters zurück. Mit 18 Jahren hatte Leippert Privatstunden beim großen Alfred Lehmann in Stuttgart genommen. Heute weiß er, dass dessen Warnung berechtigt war. »Wenn Sie Maler werden wollen«, hatte Lehmann gesagt, »müssen Sie bereit sein, zur Not den Kitt aus den Fenstern zu essen.«

»Das Älterwerden ist ein Mist«, gibt er unumwunden zu – mit Schönreden und Schönmalen fängt er jetzt auch nicht mehr an. In allen Bereichen lasse »es« nach, wenn man älter werde, sagt er. Doch die Alternative sei nicht verlockend.

Im Städtle gibt es jetzt einen veganen Imbiss, der »Xond« heißt. Das ist nichts für ihn, sagt Leippert. Die Zeit vorm Tod heißt Leben. Der Maler hat noch viel vor, will noch viel erleben. Gesund sterben – nein, das ist nicht sein Ding. Vielleicht helfen ihm noch mehr Ausstellungen, dass er nicht den Kitt aus den Fenstern essen muss.

Der »Altstadtmaler« Jürgen Leippert durfte im Central Park nicht rauchen und kam zurück nach Stuttgart.

Stuttgarter Plätze für Verliebte

Der Eugensplatz – Eisschlecken mit Aussicht

Der Eugensplatz gehört zu den romantischsten Plätzen der Stadt. Die großartige Aussicht tut hierbei ihr Übriges.

Stuttgart fasziniert wie keine zweite Großstadt in Deutschland durch seine grandiosen Aussichtsplätze entlang des Kesselrands. Diese Aussichtspunkte üben generell einen Reiz auf Verliebte aus. Einer der schönsten ist der Eugensplatz, der perfekt geeignet ist, zu zweit einen lauen Abend mit Blick auf die City zu genießen und die Gedanken schweifen zu lassen – ohne viele Worte zu verlieren.

Im Grunde genommen ist der Platz eine große, von alten, Schatten spendenden Kastanien eingefasste Aussichtsplattform. Sitzbänke stehen bereit. Es ist jedoch üblich, sich direkt auf die steinerne Balustrade am steil abfallenden Hang zu setzen, da man von hier aus den schönsten Ausblick genießen kann. Den Betrachtern liegt mit dem Schlossplatz im Zentrum und all den Prachtbauten, die ihn umgeben, das Herz der Stadt zu Füßen. Direkt daneben plätschert das Wasser aus dem Galatea-Brunnen über eine Kaskade den Hang hinunter. Wer jetzt immer noch nicht in romantischer Stimmung ist, dem bietet die beliebte Eisdiele am Platz zum optischen den passenden geschmacklichen Genuss. An einem schönen Sommerabend ist das Glück hier also perfekt.

Das Lapidarium – Gartenkunst und Geschichte in Stein

Anfang des 20. Jahrhunderts entstand am Südhang der Karlshöhe eine schöne Privatvilla. Zum Grundstück zählte auch ein Garten, der im Stil der italienischen Renaissance angelegt wurde. Der Besitzer war wohl ein Fan der alten Römer und Griechen, da er hier zahlreiche steinerne Überreste römischer Bauten und Statuen in einem Wandelgang ausstellte und den Boden mit einem Mosaik ausstattete, das ein Bild des Sängers Orpheus zeigt. In den 1950er-Jahren ging der Garten in den Besitz der Stadt über, die hier – passend zu der bereits vorhandenen Sammlung – ihr Lapidarium (eine Sammlung von Werken aus Stein) einrichtete. Hier sollte die steinerne Geschichte Stuttgarts fortan ein neues Zuhause finden, und so schaffte man über 120 Statuen, Ornamente, Gedenktafeln und Büsten heran.

Die Sammlung umfasst die des alten Stuttgarter Lapidariums sowie Kriegstrümmer und verschiedene noch vor den Bombardements im Zweiten Weltkrieg ausgelagerte Objekte. Verschlungene Pfade führen den Hang hinauf, vorbei an den

Das Städtische Lapidarium an der Karlshöhe – ein Garten voll steinerner Geschichte.

kostbaren Stücken. Sitzbänke laden zum Verweilen und zum Träumen ein. Die gesamte Gartenanlage strahlt einen ganz besonderen Charme aus. Zudem ist es hier meist sehr ruhig, da das Lapidarium auch bei Stuttgartern noch als Geheimtipp gilt, und bietet sich somit ideal für einen Ausflug zu zweit an – denn am besten genießen lässt sich die einzigartige Kombination aus Gartenkunst und Geschichte in ruhiger Atmosphäre gemeinsam.

Der Chinesische Garten – fernöstliche Romantik mitten in Stuttgart

Klein, aber fein ist der Chinesische Garten an der Birkenwaldstraße. Nicht jeder kennt das Kleinod oberhalb der Stuttgarter Innenstadt, weshalb der Garten auch nie überlaufen ist – und

das ist nur ein Grund dafür, dass viele Verliebte gerne hierherkommen. Die schönen chinesischen Bauwerke mit ihren typischen geschwungenen Dächern und ein kleiner Wasserfall, der sich von einer Anhöhe in einen Teich ergießt, sorgen hier für eine romantische Grundstimmung. Der Ausblick auf die Stadt im Talkessel und die grünen, bewaldeten Hügel auf der gegenüberliegenden Seite, auf denen der Fernsehturm thront, lässt sich hier ebenfalls gemeinsam genießen. Ob unter dem »Pavillon der vier Himmelsrichtungen« sitzend oder direkt am Wasser vor der »Halle der Freundschaft« – die Atmosphäre begeistert jeden. Die Festhalle selbst kann im Übrigen auch für besondere Anlässe – beispielsweise für Hochzeitsfeiern – gemietet werden.

Am Kriegsberg hat der Chinesische Garten – ein Überbleibsel der IGA 1993 – ein neues Zuhause gefunden.

Den kleinen Garten gibt es bereits seit der Internationalen Gartenbauausstellung (IGA) 1993. Damals wurden im Rosensteinpark fernöstliche und arabische Gärten errichtet. Der Chinesische Garten war bei den Besuchern besonders beliebt. Da der Rosensteinpark jedoch unter Denkmalschutz steht, konnten die Gartenanlagen dort nicht verbleiben. Ein Verein nahm sich des Geschenks der chinesischen Provinz Jiangsu an und fand für ihn zusammen mit der Stadt Stuttgart eine neue Heimat an seinem heutigen Standort. Sein offizieller Name ist Qingyin-Garten, »Garten der schönen Melodie«, basierend auf einem alten chinesischen Gedicht.

Die Hohenheimer Gärten – der schönste Campus Deutschlands

Wer einen kleinen Ausflug ins Grüne mit seinem Partner oder vielleicht auch mit seinem neuen Schwarm plant, der sollte unbedingt die Hohenheimer Gärten besuchen – vielen gilt er als der schönste Universitätscampus Deutschlands. Die Gärten, bestehend aus dem Landesarboretum Baden-Württemberg, dem Schlosspark und dem Botanischen Garten, eignen sich perfekt für einen romantischen Spaziergang.

Die Hohenheimer Gärten – verschlungene Wege, Blumenbeete, Teiche und alte Bäume.

Verschlungene Wege führen vorbei an Blumenbeeten, Teichen und alten Bäumen. Hier kommt man leicht ins Schwärmen. An schattigen Plätzen findet man immer wieder Parkbänke, um gemeinsam auszuruhen und die Umgebung zu genießen. Einen schönen Aussichtspunkt gibt es hier ebenfalls: Der Monopteros von 2001 – eine Neuinterpretation der antiken Form des kleinen, offenen Säulen-Rundtempels – thront auf einem begrünten Hügel. Von dort oben aus hat man einen schönen Ausblick auf das Parkgelände und den ländlichen Stadtteil Plieningen.

Beim Spaziergang durch die weitläufige Anlage erreicht man früher oder später auch Schloss Hohenheim. Denn die Gärten wurden einst als privater Rückzugsort für die Schlossherrin angelegt, die hier lustwandelte. Das Schloss selbst ließ Herzog Carl Eugen von Württemberg Ende des 18. Jahrhunderts aus Liebe zu seiner späteren Gattin Franziska erbauen – ein sicherlich kostspieliger, aber eindeutiger Liebesbeweis.

Das Teehaus – Platz eins der romantischen Orte

Selbst nur wenige Einheimische haben einen Schimmer, wie das 1913 erbaute Teehaus auf erhabener Höhe im Weißenburgpark einstmals hieß – man nannte es Südmilch-Pavillon. In der dazugehörigen Villa des Fabrikanten Ernst von Sieglin ist vor langer Zeit eine Molke-Kur angeboten worden. Auch wenn die Milchhistorie in der Stadt nur wenig bekannt ist – die meisten Stuttgarter hingegen wissen, wie schön die Anlage am Bopser ist. Wer nur einen Blick für den Liebsten oder die Liebste in der Idylle dieses Hügels hat, dem geht's ohne Zweifel gut – doch er verpasst eine dieser traumhaften Aussichten auf die City, wie es sie nur in Stuttgart gibt.

Bei einer Umfrage unter Stuttgarter Bloggern und Journalisten ist das Teehaus zum romantischsten Ort von Stuttgart mit deutlichem Abstand auf Platz eins gewählt worden.

1956 haben die Sieglin-Erben das Anwesen an die Stadt verkauft. Für die Bundesgartenschau 1961 ist der der Park mit

Ein beliebtes Ausflugsziel der Stuttgarter – das Teehaus im Weißenburgpark.

neuen Wegen und Terrassen angelegt worden. Hier findet sich Stuttgarts schönster, denkmalgeschützter Gastronomie-Jugendstil-Pavillon mit Brunnen und Teich. Im Sommer zählt dieser Platz zu den beliebtesten Treffpunkten. Wer hierherkommt, wird sich verlieben. Wenn nicht in einen Menschen, so doch in die Stadt.

Stuttgarter Understatement

Die Villa Berg – nicht immer gewinnen die Spekulanten

Der ehemals private Garten des Kronprinzen Karl und seiner Gattin Olga ist längst zu einem öffentlichen Park geworden. Die Grünanlage dient den Bewohnern des Stuttgarter Ostens als Ort, um abzuschalten. Die Anlage ist zwar seit der Internationalen Gartenbauausstellung (IGA) 1993 direkt mit dem Unteren Schlossgarten verbunden, aber selbst an sonnigen Tagen längst nicht so überlaufen wie die größeren Grünflächen der Stadt. Eine Besonderheit im Park rund um die Villa Berg ist beispielsweise der Rosengarten am Westhang mit dem schönen Laubengang aus roten Ziegelsteinen.

1853 wurde auf einer Anhöhe im Örtchen Berg bei Stuttgart eine Villa als Sommerresidenz des Kronprinzen fertiggestellt. Das Gebäude und die Parkanlage wurden in ihrer Architektur direkt auf das gegenüberliegende Schloss Rosenstein – die Sommerresidenz König Wilhelms I. – ausgerichtet. Der historische Landschaftspark ging in den 1950er-Jahren in den Besitz des Süddeutschen Rundfunks über. Zeitgleich begann der langsame Verfall: Um die ursprüngliche Bepflanzung wurde sich nicht mehr gekümmert, ein Parkhaus wurde in den Hang gegraben und Funk- und Sendesäle direkt in den Park gebaut. Von der einstigen Pracht ist nicht viel übrig geblieben.

2016 gingen die über die Jahre verwahrloste Villa und der Park wieder an die Stadt Stuttgart zurück. In den kommenden

Jahren soll das schöne Gebäude wieder instand gesetzt werden und die Grünanlage – wenigstens in Teilen – wieder ihr ursprüngliches Gesicht zurückerhalten. Die Stadt will das Kleinod vor dem Verfall retten und zusammen mit dem Park dem Volk zurückgeben. Die Geschichte dieser von Christian Friedrich von Leins im Stil der italienischen Hochrenaissance erbauten Landhausvilla war bis dahin eine Geschichte der Irrtümer, der Spekulanten und eines starken Bürgerwillens.

Es sah nicht immer so aus, als ob die Geschichte ein gutes Ende nehmen sollte: Als sich 2013 die Initiative »Occupy Villa Berg« geründet hat, sind die Mitglieder irritiert gefragt worden: »Und ihr wollt wirklich die Villa besetzen?« Noch wusste damals keiner, was aus der einst prunkvollen Sommerresidenz von Kronprinz Karl und seiner Olga werden sollte. Das heruntergekommene Baudenkmal war nach der Insolvenz der Häussler-Gruppe, die 2007 Villa und Studios vom SWR übernommen hatte, mit den neuen Düsseldorfer Investment-Besitzern zum Objekt der Spekulation geworden. Nun trat Occupy Villa Berg an, um einen »öffentlichen Raum« für die Bürger zurückzuerobern.

Inzwischen ist das Etappenziel erreicht. Die Initiative konnte das Ende ihres Engagements verkünden. OB Fritz Kuhn hat die Villa Berg, die auf verschlungenen Wegen zum zweiten Mal in ihrer Geschichte in den Besitz der Stadt gekommen ist, zur Chefsache erklärt. An der Villa, die im 19. Jahrhundert über einen vergoldeten Ballsaal verfügte, der die pure Walzerfreude bei jeglicher Art von Majestät ausgelöst hat, soll die grüne »Politik des Gehört-Werdens« vorgeführt werden. Mit der Bürgerbeteiligung will der Rathauschef die Villa Berg für immer und ewig als Pluspunkt seiner Amtszeit verbuchen. Eine Königsvilla, die zum politischen Prestigeobjekt eines Grünen wird – auch so etwas kann es eigentlich nur in Stuttgart geben.

Wo einst Kronleuchter strahlten und französische Kamine knisterten, ist heute der Boden wellig und Wände bröckeln. Die Villa Berg steht auch für den schwierigen Umgang der Stadt Stuttgart mit ihrer Geschichte als königliche Residenzstadt.

Vieles aus dieser Zeit ist ausgelöscht worden. Der russische Zar Alexander führte hier 1857 Friedensgespräche mit dem französischen Kaiser Napoleon. Nach dem Tod von Königin Olga erbte Herzogin Wera von Württemberg die Villa und lebte dort bis 1912. Deren Töchter verkauften 1915 das Gebäude samt Park für knapp drei Millionen Mark an die Stadt Stuttgart. Seit dieser Zeit war der Park frei zugänglich. Zunächst brachte man verwundete Soldaten in der Villa unter. Dann zog die Städ-

Einer Ruine wird neues Leben eingehaucht: Die Villa Berg wird zu einem öffentlichen Haus für alle Bürger umgebaut.

tische Gemäldegalerie ein. Nach dem Krieg bekam der SDR das von Bomben schwer beschädigte Baudenkmal im Tausch für die Karlshöhe, die dem Sender gehörte. Ohne Genehmigung ließ der SDR das Haus umbauen, was heute Denkmalschützern die Zornesröte ins Gesicht treibt – die Villa wurde ein weiteres Mal zerstört.

Kontrovers wird im Internet diskutiert, ob der alte Glanz zurückgeholt werden soll, was zum Ausbau des Großen Sendesaals des SDR/SWR führen würde. Der ist mit vielen Erinnerungen verbunden. Hier haben viele Stuttgarter Quizspiele wie »Rate mal mit Rosenthal«, Konzerte mit Dunja Rajter oder den 20. Geburtstag der Fantas erlebt.

2007 verkaufte der Sender das zur Last gewordene Gebäude an Investor Rudi Häussler. Damit begann der Kuhhandel mit Villa und Sendestudios. 2013 beschloss die Stadt, keine Änderung des Bebauungsplans für eine Wohnbebauung vorzunehmen. Vom Stolz der Königsfamilie zu einem lebendigen Ort fürs Volk – das Happy End scheint geglückt. Jetzt dürfen Bürger Vorschläge zur künftigen Nutzung des einstigen Kronprinzendomizils machen. In der Stadtplanung, darüber freuen sich viele, gewinnen nicht immer die Spekulanten.

Schwäbische Heimatliebe – des musste mal g'sagt werden!

Heimatliebe ist eine Liebe, der sich immer mehr Schwaben ohne eingesparten Stolz hingeben. Heimatliebe am Heck: Mit gestanzten Buchstaben in einem dünnen Blech setzen Autofahrer auf die identitätsstiftende Wirkung eines Kürzels wie »LEO«, »ES-EL« oder »S-UN«. Heimatliebe per Mausklick: Bei Facebook boomen die Stuttgart-Seiten. Heimatliebe als Bekenntnis: Aufkleber mit Aufschriften wie »'s Lebä isch koin Schlotzer« laufen wie g'schmiert. Irgendein Cleverle hat festgestellt: »Es isch nirgends so schön wie drhoim, selbst wenn d' Hoimet a Sauschdall isch!«

Und jetzt, da die Schwoba boomet, was das Comeback von Pferdle & Äffle beweist und 2016 das große Interesse an der Großen Landesausstellung »Die Schwaben« im Alten Schloss gezeigt hat, überrascht es nicht, dass Homer Simpson trotz seiner Herkunft aus der amerikanischen Unterschicht Schwäbisch schwätzt – wie zuvor schon Comic-Kollege Asterix.

Typisch schwäbisch – der Dialekt ist ein beliebtes Markenzeichen auch in Stuttgart.

Bekannt wurde Homer als stinkfaule Couch-Potato – dennoch hat er nach Bayerisch und Hessisch eine weitere Mundart gelernt. Geholfen hat ihm bei Band drei der Simpsons-Dialekt-Reihe der Schwaben-Multi-Autor Dominik Kuhn. Dodokay legt Homer Sätze in den Mund wie »Em gschengda Gaul guckt mer ned ins Maul«. In dem Büchlein aus dem Panini-Verlag mit Deutschland-Sitz in Stuttgart macht Homer versehentlich »'s Internet hee«, und die Simpsons müssen alle Aufgaben übernehmen, die sonst »des neimodische Klomp« erledigt. Ohne

Netz und doppelten Boden wird die Schwabenwelt schnell zum Sauschdall!

Ein Glück nur, dass der Souffleur der Simpsons Dodokay heißt. Denn heutzutage wollen alle Schwäbisch schwätzen, leider auch die, die keine Ahnung davon haben. Für das Shopping-Zentrum hinterm Hauptbahnhof muss eine uns sehr ferne Agentur die Werbung getextet haben. »Das Ländle jagt Schnäpple im Mailändle«, hieß es da.

Sind wir denn alle blödle?

Kein Mensch sagt bei uns »Schnäpple«. Und wir sagen auch nicht unentwegt »Grüß Gottle«, wenn wir uns sehen. Bei einer Jubiläumsgala im SI-Centrum haben die Bühnenakteure im Palladium-Theater gemeint, es sei lustig, einen Schwabenwitz nach dem anderen zu reißen. Sie stellten uns dar, als würden wir im Alltag reden wie Dorftrottel im Bauerntrampeltheater. So was kann man sich nur in der Hamburger Musicalzentrale ausdenken. Bei einer derartigen Grüß-Gottle-Häufung ist unser Zwergle-Image sehr anstrengend. Es leben bei uns viele, die überhaupt kein Schwäbisch sprechen, aber trotzdem schwäbisch denken.

Die landesübliche Kleinmacherei, die es nun wirklich nur bei uns gibt, muss ihre Grenzen kennen! Das Ländle klingt nach Spielzeugländle. Wann endlich darf dieses Baden-Württemberg erwachsen, also ein Land sein?

Es ist ja ein guter Zug, dass sich Schwaben nicht aufblasen und sich lieber kleiner machen, als sie sind. Aber ein wenig stolz können wir doch auch auf uns sein. So, des musste mal g'sagt werden! Und gell, jetzt machen wir ein bissle Ordnung in onserem Sauschdall! Adele!

Die Häuslebauer – Abstand halten, sogar zum Himmel

Stuttgart vergleicht sich gern mal mit London, Paris oder New York – städtebaulich plant man hier jedoch häufig eher wie Schorndorf oder Deizisau. Wenn ein Gebäude mehr als fünf

Stockwerke erreicht, kann man es im baden-württembergischen Landeshauptstädtle fast schon als Hochhaus bezeichnen. Möglichst sollen Neubauten auch einen Abstand zueinander halten. In einer Stadt mit derart hohem Bedarf an zusätzlichem Wohnraum scheint der Wunsch nach solchen Solitären mit Luft zu allen Seiten – selbst nach oben – geradezu absurd. Bauplatz in Stuttgart ist sehr rar geworden. Statt der Häuser steigen dadurch nur die Mieten in die Höhe – und das im Rekordtempo. Die Suche nach einer Mietwohnung kann Monate, ja, sogar Jahre dauern.

Begründet werden die Beschränkung der Bauhöhe, die einzuhaltenden Abstände zum Nachbarhaus und die Weigerung, neue Bauflächen freizugeben, stets mit demselben Argument: Der Luftaustausch im Stuttgarter Talkessel würde darunter leiden. In der Tat herrscht in der Innenstadt dicke Luft. Durch ihre Lage im Nesenbachtal – umgeben von Hügeln – ist sie auf den Zustrom frischer, kühler Luft angewiesen. Diese strömt von den höheren Lagen ins Tal hinunter und drängt die alte, mit Feinstaub belastete Luft hinaus. Dieser Vorgang ist absolut notwendig und durch strenge Maßnahmen, wie beispielsweise das Freihalten von Frischluftschneisen an den Hügeln, unabdingbar. Das Frischluft-Argument muss jedoch für Bauvorhaben im gesamten Stadtgebiet herhalten – ob es nun logisch ist oder nicht. Im Gemeinderat mag man Stuttgart als eine ganz große Nummer sehen, aber letztlich trifft hier doch der Otto-Normal-Häuslebauer die Entscheidungen. Eigenheim, Garten vorne, Garten hinten, Garage daneben – der Traum eines jeden Schwaben lässt sich in Stuttgart kaum mehr verwirklichen. Die Weigerung, größere und höhere Wohnbauten zu genehmigen, um dem Wohnungsmangel entgegenzuwirken, lässt sich vielleicht nur durch diese Sehnsucht erklären. Das eigene Häusle war dem Stuttgarter nämlich schon immer sehr wichtig, wenn möglich mitten in der City.

Gut, der Bauwich – der für Stuttgart (gut zu sehen vor allem an den Bürgerhäusern im Stuttgarter Westen) sehr typische Abstand zwischen den alten Backsteinhäusern – geht

Ein klar definierter Abstand zwischen den Wohnhäusern – der sogenannte Bauwich – sollte dem Brandschutz dienen und wurde zu einem typischen Bild für die Gründerzeitviertel der Stadt.

ursprünglich auf den Brandschutz zurück, doch war ein kleiner Abstand zum Nachbarn ein willkommener Nebeneffekt. Die freien Flächen – es galt ein Mindestabstand von 2,9 Metern – wurden so aufgeteilt, dass jeder Hausbesitzer einmal komplett um sein Eigentum herumgehen konnte. Ein über zwei Meter breiter Streifen gehörte jeweils zum einen Haus, um den dort oft befindlichen Seiteneingang erreichen zu können. Durch einen Zaun getrennt wurde dem Nachbarhaus jeweils der restliche, etwa 90 Zentimeter breite Streifen des Bauwichs zugeschlagen. So konnte das zum Ziel gesetzte Hausumrunden auf dem eigenen Grund und Boden erfolgen. Zudem musste man beim Nachbarn nicht erst um Erlaubnis

fragen, wenn man Veränderungen an der eigenen Hausfassade vornehmen wollte.

Noch heute gibt es zwischen vielen alten Häusern diesen Trennzaun. Wurde er jedoch entfernt, damit beide Parteien den Bauwich beispielsweise als Zufahrt zum Hinterhof nutzen konnten, sind die ehemaligen Grenzen oftmals noch an zwei verschiedenen Bodenbelägen zu erkennen. Näher zusammenrücken mussten die Stuttgarter bereits zur Zeit der Industrialisierung, als zehntausende Arbeiter in die Stadt strömten. Damals wie heute war für sie aber einfach nicht genügend Wohnraum vorhanden. Anders als derzeit war man jedoch bemüht, diesen schnellstmöglich zu schaffen.

Bedingt durch die enormen Kriegsschäden standen die Stuttgarter 1945 abermals vor dem Problem der Wohnungsnot. Auch damals hieß es zusammenzurücken. Eine der originellsten Ideen dem Mangel entgegenzuwirken, präsentierte man in den 1950er-Jahren. Unter einer Eisenbahnbrücke in der Rosensteinstraße am Nordbahnhof – über die noch heute die Züge der Gäubahnstrecke rattern – stehen drei kleine Häuschen. Sie wurden in die Bögen des Viadukts hineingebaut und waren ein Musterbeispiel des »Platzsparenden Wohnens«. Aufgrund ihrer Baugeschichte stehen die Brücke und ihre »Untermieter« heute unter besonderem Schutz.

Die Stadt mit Hochhäusern zuzupflastern kann freilich nicht die große Stuttgarter Lösung sein. Hie und da an den richtigen Stellen ein paar Meter mehr gen Himmel bauen – um dadurch ein paar Wohnungen zusätzlich zu schaffen – sollten aber keinen Kesselbewohner in Atemnot versetzen. Fast schon irritierend erscheint die Tatsache, dass man 2001 in der Stadt mit dem Gedanken spielte, einen bis zu 220 Meter hohen Turm auf dem Pragsattel bauen zu lassen. Diese Pläne wurden dem Rathauschef vom Büro des Immobilienmoguls und aktuell amtierenden US-Präsidenten Donald Trump vorgelegt.

Bekanntlich wurde daraus nichts. 2003 wurden die Baupläne im Gemeinderat abgelehnt. So bleibt das höchste Gebäude der Stadt der Fernsehturm mit seinen 217 Metern Höhe.

Stuttgarter Unikate

Die Amazonen von Cannstatt – treu bis zum Lebensende

Schreit ein Baby? Oder wird ein Tier gequält? Wer zum ersten Mal in Bad Cannstatt schrille Laute hört, steht vor einem Rätsel. Nicht selten kommt es vor, dass die Polizei alarmiert wird. Wer die Papageien sieht, die den akustischen Krawall erzeugen, und deren Geschichte nicht kennt, fragt sich möglicherweise, ob sie aus der Wilhelma ausgebüxt sind.

Quietschgrün sind die wilden Vögel – nur ihre Köpfe leuchten gelb. Laut dem Washingtoner Artenschutzabkommen sind die Gelbkopfamazonen vom Aussterben bedroht und nur noch in Mittelamerika anzutreffen. Doch auch in Bad Cannstatt lebt diese seltene Papageienart vogelfrei.

Der Legende nach ist das erste Paar 1984 einem Wilhelma-Mitarbeiter entflogen. Aber so genau weiß man es nicht. Die Herkunft des Paars ist bis heute ein Geheimnis. Fest steht, dass eines Tages eine Gelbkopfamazone in der Wilhelma auftauchte, vermutlich ein entflohenes Haustier. Da Papageien gesellige Tiere sind, besuchte der Vogel jeden Morgen seine Artgenossen. Ein Zoomitarbeiter muss Mitleid mit dem einsamen Vogel gehabt haben, so spekulieren die Experten. Denn exotische Tiere freizulassen, ist rechtlich untersagt. Trotzdem hat sich irgendwann ein Paar gefunden.

Über 50 Mitglieder gehören mittlerweile zu der frei lebenden Papageienfamilie, die einzigartig in Europa ist. Die meisten Cannstatter kennen die Amazonen. Mit ihrer südländischen Lebensfreude sind die reing'schmeckten Mitbewohner auch nicht

Wenn es etwas wirklich nur in Stuttgart gibt, dann sind das die frei lebenden Gelbkopfamazonen in Bad Cannstatt.

zu überhören. Papageien plappern gern. Lange Zeit haben sie in den Bäumen beim Mineralbad Leuze gewohnt. Dann wurde es aber dort zu unruhig, wie Papageien-Experte Dieter Hoppe vermutet. Wie sie den Winter überstehen, weiß niemand so genau. Geschafft haben sie es jedenfalls, sich der Kälte anzupassen.

In Fressgemeinschaften aus vier, fünf Vögeln pendeln sie zwischen Cannstatter Kurpark und Unterem Schlossgarten hin und her. Gesehen wurden sie aber auch schon in Feuerbach und Fellbach. Im Rosensteinpark brüten die Papageien.

In der Regel werden die Gelbkopfamazonen 70 bis 80 Jahre alt. Sollte das erste Paar noch leben, das Mitte der 1980er die Population begründet hat, sind sie vermutlich immer noch zusammen. Denn Amazonen sind sich, wie wir von Biologen wissen, ein Leben lang treu.

Die Brezelkörble – Vesperkultur auf Schwäbisch

Die beliebten »Brezelkörble« auf der Königstraße gehören zum typischen Stadtbild von Stuttgart. Seit rund 40 Jahren gibt es die »Brezel to go« mitten auf der Einkaufsstraße. Zu verdanken haben wir das der resoluten Bäckerin Ursula Zotz-Füess. 1969 hatte sie die Idee dafür aus New York mitgebracht.

Ein »Brezelkörble« auf der Königstraße. Hier wird der kleine Hunger mit dem »Laugengebäck to go« gestillt.

»Hosch koine Brezle dabei?«, ist die Tochter des Bäckers Otto Füess von Freunden oft gefragt worden – damals schon, als sie die einzige Gesellin im Bäckerhandwerk war, allein unter Männern. Eine Sensation war's, als die 1940 geborene Ursula Füess, die später den Reutlinger Bäckermeister Dieter Zotz heiratete und zu dem Doppelnamen kam, 1959 Bundessiegerin im Bäckerhandwerk geworden ist. Eine junge Frau aus Kaltental hatte alle Männer bundesweit geschlagen! Zur Belohnung bekam sie ein Stipendium in den USA. Von dort brachte sie eine Erkenntnis mit nach Hause: Kleine Betriebe, sagte sie später, könnten auf Dauer nur überleben, wenn sie sich spezialisierten.

Heute würde man Ursula Zotz-Füess eine »Power-Frau« nennen. Ihre Spezialität waren die Brezeln. Damals gab es noch zwei Bäckereien in Kaltental mit dem Namen Füess. In der unteren Bäckerei, die von Otto Füess und Tochter Ursula betrieben wurde, so erzählt man sich noch heute, waren die Brezeln besser als in der oberen Bäckerei, die Ottos Bruder Eugen gehörte. Der Eugen hatte dafür bei anderen Backwaren die Nase vorn.

Warum die Brezeln von Ursula Zotz-Füess besonders gut waren, wollte sie nicht verraten. Stets sprach sie von einem »Geheimrezept«, das sie niemals preisgeben werde. Ihr Patensohn Rainer Füess erklärt den Erfolg so: »Mein Patentante hat sich aufs Laugengebäck konzentriert und nichts anderes gebacken – deshalb war es so gut.«

Der frühere OB Manfred Rommel führte übrigens schwäbischen Scharfsinn und Geistesstärke auf das symmetrisch verschlungene Gebäck zurück: »Des Schwaben Klugheit ist kein Rätsel. / Die Lösung heißt Laugenbrezel. / Schon trocken gibt dem Hirn sie Kraft. / Mit Butter schmeckt sie fabelhaft. / Erleuchtet mit der Weisheit Fackel, / den Verstand vom größten Dackel.«

Zuerst musste Ursula Zotz-Füess ihre Brezel-Stände auf der Königstraße abends immer ab- und anderntags wieder aufbauen. Dafür verwendete die damals 29-Jährige zusammenklappbare Kinderwagen mit Sonnenschirm, auf denen die Körbe voller knuspriger Brezeln standen. Nach zwei Jahren sind vier Häuschen installiert worden, die heute zu Stuttgart gehören wie das Neue Schloss und der Fernsehturm.

Mitte der 1980er-Jahre wären die Stände beinahe der Gewerbeaufsicht zum Opfer gefallen, weil das Verkaufspersonal laut Vorschrift drei Quadratmeter Raum zur Verfügung haben musste. »Unsere Verkäuferinnen haben aber nur einen Quadratmeter«, sagte Ursula Zotz-Füess. Regierungspräsident Manfred Bulling habe aber höchstselbst verfügt, dass die »Brezelkörble«-Kioske unverändert bleiben durften – wenn auch aus Hygienegründen ohne Körbe und mit einem Plexiglasschutz vor den Brezeln. Ein Kulturgut darf nicht verschwinden!

Im Jahr 2001 hat die Cannstatter Bäckerei Frank die Brezelkörble übernommen. Die Gründerin brauchte mehr Zeit für die Großbäckerei ihres Mannes in Reutlingen. Kinder, die in Stuttgart das Brezelgeschäft hätten weiterführen können, gab es nicht.

Die Brezelkörble bleiben eine Ausnahme im Stuttgarter Stadtbild. Weitere Imbiss-Stände sind nicht erlaubt. Die Genehmigung der Behörden beschränkt sich auf Laugengepäck – Pariser Brötchen oder süße Stückchen dürfen dort nicht verkauft werden.

Auch die Frank-Brezeln schmecken besonders gut, was die Bäcker darauf zurückführen, »dass wir nur die besten Zutaten verwenden«. Ein Problem sind die Schmierereien auf der Fassade der Häuschen. Inzwischen hängen die Betreiber Tafeln auf, die abends abgenommen und anderntags über die Kritzeleien gehängt werden. Heute gibt es nur noch drei von einst vier Brezelkörble. Der Standort am Rotebühlplatz hat sich als wenig lohnend erwiesen und wurde aufgegeben.

Eigentlich gehört das Häuschen ins Stadtmuseum – es erinnert so viele Stuttgarter an frische Brezeln, die Mama beim Einkaufsbummel stets spendiert hat. Im Herbst 2016 ist die Erfinderin der Brezelkörble im Alter von 76 Jahren gestorben. Im Himmel kann man sich freuen: So leckere Brezeln gab's dort bestimmt noch nie.

Die Stäffele – die Stadt der strammen Waden

Nirgendwo sonst in Deutschland findet man mehr Treppenanlagen als in Stuttgart. Offiziell heißen sie hier zwar Staffel, doch werden sie umgangssprachlich von den Einwohnern liebevoll als Stäffele bezeichnet. Über 400 von ihnen soll es in der Stadt geben. Tatsächlich sind es jedoch weit mehr. Denn Treppenanlagen, die durch Wiesen und Wälder führen oder sich auf Privatgrundstücken befinden und zudem keinen Namen tragen, werden in dieser Statistik nicht erfasst. Unzählige Stufen ziehen sich zudem die Weinberge hinauf.

Viele noch heute erhaltene Staffeln sind Überbleibsel aus jener Zeit, als der Weinbau das Stadtbild an den Hügeln do-

Die Sünderstaffel ist nur eine von über 400 sogenannten Stäffele im Stadtgebiet. Sie gehören zum typischen Stadtbild Stuttgarts.

minierte. Sie entwickelten sich nach und nach zum regulären Straßennetz für Fußgänger, die sie gerne als bequeme Abkürzungen nutzen. Als »Straße« werden einige von ihnen tatsächlich offiziell geführt. Dies ist dann der Fall, wenn eine steil ansteigende Verkehrsstraße als Sackgasse endet, um dann als Staffel fortgeführt zu werden. So bestehen beispielsweise die Dobelstraße, die Eugenstraße, die Friedenstraße und – sehr passend – die Staffelstraße zum Teil aus einer Treppenanlage.

Im Schwäbischen ist es Brauch, Nachbarstädte mit einem garstigen Kosenamen zu necken. Dabei wird meist Bezug auf eine typische Eigenart genommen. Für Stuttgart wählte man die allgegenwärtigen Treppen und so erhielten die Einwohner der Stadt den Spitznamen »Stäffelesrutscher«.

Da viele Staffeln bereits seit Jahrhunderten existieren, ranken sich zahlreiche Legenden um sie. So auch um eines der schönsten Stäffele der Stadt. Die prächtige Sünderstaffel, nahe dem Olgaeck, führt von der Alexanderstraße hinauf in Richtung Gänsheide. Schon 1304 wird an jener Stelle eine »gestäffelte Furch« erwähnt. Die Legende besagt, dass 1339 zwischen den beiden Adligen Hans Bernhard Rugger und Rudolf Werner von Weißenburg wegen eines Mädchens ein heftiger Streit entbrannte. Rugger soll schließlich seinen Nebenbuhler erstochen haben, woraufhin er zum Tode verurteilt wurde. Der Mörder soll daraufhin um eine Hinrichtung an ebenjener Staffel gebeten haben, da sein Vater dort einst die ersten Weinreben gepflanzt hatte. Man erhörte Ruggers Bitte und enthauptete ihn kurzerhand an der Treppe des Weinguts. Wer dieser Geschichte nicht viel abgewinnen kann, der mag die prosaische Version bevorzugen. Demnach gehörte ganz einfach einem gewissen Herrn Sünder ein Weingut an jener Treppenanlage.

Welche Version auch immer stimmen mag, zwei gemeißelte Steine aus dem 16. Jahrhundert weisen noch heute auf ihren Namen hin. »Gott sey mir Sünder Gnedig« ist auf dem einen zu lesen, und auf Latein steht auf dem anderen gemeißelt: »Was die Gottlosen gerne wollen, das ist verloren.«

Weinberge in der City – in keiner anderen Großstadt ist der Weinbau so präsent wie in Stuttgart

»Wenn man in Stuttgart nicht einsammelte den Wein, würde die Stadt bald in Wein ersäufet sein«, so schrieb ein Chronist einst im Mittelalter. Im 16. und 17. Jahrhundert war die Stadt nach Wien und Würzburg sogar die drittgrößte Weinbaugemeinde im deutschsprachigen Raum. In besonders heißen Sommermonaten war im wasserarmen Stuttgart häufig mehr Wein als trinkbares Wasser vorhanden. Dann war der Rebensaft günstiger zu erwerben als Trinkwasser. Durch den hohen Ertrag wurde es zudem immer wieder nötig, den Wein des Vorjahres wegzuschütten, um in den Fässern Platz für den neuen Jahrgang zu machen. Der alte Wein wurde daher häufig auch zum Anrühren von Mörtel verwendet.

An diesen Weinreichtum ist heute freilich nicht mehr zu denken, doch gehören die Weinberge noch heute zum typischen Bild der Stadt und stehen daher unter besonderem Schutz. Eine absolute Besonderheit in einer deutschen Großstadt: Sie erstrecken sich bis in die Innenstadt hinein.

Auch an der Karlshöhe wird mitten in der Stadt Wein angebaut.

Das wohl zentralste Weingut befindet sich unweit des Hauptbahnhofs auf dem Kriegsberg und ist im Besitz der Industrie- und Handelskammer, die ihren Sitz am Fuß des Berges hat. Doch auch die Stadt Stuttgart selbst ist im Besitz von 17 Hektar Weingut. Eines der bekanntesten und gleichzeitig kleinsten Weingüter der Stadt findet man auf der Karlshöhe, mitten im innerstädtischen Naherholungsgebiet. Der Rebensaft, der an der steilen Hanglage oberhalb der Weinsteige reift, gehört ebenfalls zum städtischen Weingut. Über 70 Prozent der Produktion entfallen auf Rotweine, allen voran Trollinger.

In 16 von 23 Stadtbezirken Stuttgarts wird Weinbau betrieben. Mit insgesamt 400 Hektar Rebfläche ist Stuttgart die größte Stadt in Deutschland, die in diesem Umfang Weinbau betreibt. Selbst dort, wo man es nicht erwartet – nahe dem Schloss Hohenheim. Auf nur 2,2 Hektar werden dort zu Forschungszwecken über 200 verschiedene Rebsorten angebaut. Der Wein wird direkt im Schlosskeller gekeltert, in Flaschen abgefüllt und dort unter dem Namen Hohenheimer Schlossberg verkauft.

Die nördlichsten Stuttgarter Weinreben liegen sogar weit außerhalb der Stadtgrenzen. 75 Rebstöcke der Sorten Regent und Phönix nennen die Hamburger seit 1996 ihr Eigen. Sie waren ein Geschenk der Wirte des Stuttgarter Weindorfs – das von Mitte der 1980er-Jahre bis 2015 in der Hansestadt gastierte – an ihre Freunde im hohen Norden. Angebaut wird der Wein auf einer 500 Quadratmeter großen Fläche an einem Hügel oberhalb der St. Pauli-Landungsbrücken am Hafen. Die Trauben werden im September geerntet und dann zur Winzerfamilie Currle in Stuttgart-Uhlbach geschickt. Dort keltert man aus ihnen einen einmaligen Wein, um ihn anschließend wieder zurück nach Hamburg zu schicken.

Apropos Weindorf. Die wohl gemütlichste Art der Schwaben sich zu vergnügen findet in einer geselligen Runde und mit einem »Viertele« Wein in der Hand statt. Dies führte dazu, dass selbst der ADAC Württemberg die Weinverbundenheit Stuttgarts als werbeträchtiges Mittel einsetzen wollte. Dessen Pressesprecher Erich Brodbeck, seinerzeit bekannt auch als Coach der Stuttgarter Prominentenkicker, war die treibende Kraft hinter der Idee, 1976 das erste Weindorf in der City zu veranstalten. Am Design der typischen Lauben dieses Weindorfs hat sich bis heute kaum etwas verändert. Und auch an seiner Beliebtheit nicht.

Doch das wirklich allererste Weindorf Stuttgarts muss man wohl einem Ereignis zusprechen, das sich bereits im Jahre 1511 ereignete. In den Annalen der Stadt heißt es, dass zur Hochzeit Herzog Ulrichs 50 000 Liter Wein an das Volk ausgeschenkt worden sein sollen. Dieser sprudelte sogar aus den Brunnen vor dem Schloss. Zu diesem Fest wurden Ochsen, Kälber, Schweine, Hühner und Heringe verspeist.

Da geht es heute in den 120 Weinlauben – die neben rund 500 Weinsorten auch Leckereien wie Schupfnudeln, Zwiebelkuchen und Maultaschen im Angebot haben – wohl weit gesitteter zu. Es wird geschunkelt, gesungen und »geschlotzt«, wie man hierzulande zum Trinken des Weines sagt. Wem das Weindorf zu überfüllt und zu kostspielig ist, der kann dem Rebensaft auch auf einer der zahlreichen Weinwanderungen oder im Weinbaumuseum der Stadt in Uhlbach huldigen. Natürlich auch hier immer mit einem Viertele in der Hand.

Der RAF-Friedhof – die Dornhalde dokumentiert deutsche Geschichte

Auf vielen Friedhöfen informiert gleich am Eingang ein Schaukasten, wo sich berühmte Gräber befinden. Nicht so auf dem ehemaligen Schießübungsplatz Dornhalde. Von Besuchern wird deshalb seit über 30 Jahren eine Frage immer wieder gestellt: »Wo sind die Terroristen begraben?«

Meist antwortet der Friedhofsaufseher, wie er dies schon oft getan hat: »Bei uns gibt's keine Terroristen – nur Tote.«

Am Gräberfeld 92 – vom Eingang aus gesehen am anderen Ende des Friedhofsgeländes – befindet sich eine Steinplatte mit drei Namen. Aufschrift: »Andreas Baader, Gudrun Ensslin, Jan-Carl Raspe, Stuttgart-Stammheim 18. Oktober 1977«. Das Grab ist gepflegt. Jemand hat rote Rosen in eine Vase gestellt. Die letzte Ruhe kommt immer und trifft jeden.

Die Befürchtung in der aufgeheizten Angststimmung der 1970er-Jahre, das Grab der drei RAF-Mitglieder könne zur Pilgerstätte für gewaltbereite Sympathisanten werden, hat sich nicht bewahrheitet. Damals wollte Ministerpräsident Hans Karl Filbinger nur der Schwäbin Gudrun Ensslin eine Beerdigung im Land gewähren. Oberbürgermeister Manfred Rommel aber stimmte dem Gemeinschaftsgrab auf der etwas abgelegenen Dornhalde zu.

»Von Anfang an«, erinnerte er sich später, habe er gewusst, für diese Entscheidung geprügelt zu werden. Hätte er versucht, die Toten abzuschieben, schrieb der im November 2013 verstorbene Stuttgarter Ehrenbürger in seinem Buch »Trotz allem heiter«, »wäre wochenlang diskutiert worden – und die Toten wären wie fliegende Holländer herumgereicht worden«. Zur Entkrampfung trug ein Satz von Rommel bei, der bis heute immer wieder anerkennend zitiert wird: »Nach dem Tod muss die Feindschaft enden.«

Die drei Selbstmörder, die an Erschießungen der Roten Armee Fraktion beteiligt waren, haben ihre letzte Ruhe auf einem ehemaligen Schießübungsplatz gefunden. 1858 hatte hier im Wald die Garnison des Königs neun 400-Meter-Schießbahnen angelegt. In der Nazizeit sind auf dem Schießplatz Todesurteile an Gegnern vollstreckt worden. So wurde 1944 der Chordirektor und Organist Ewald Huth wegen seiner öffentlichen Warnung vor dem Nationalsozialismus hingerichtet. Nach dem Zweiten Weltkrieg absolvierten amerikanische Soldaten ihre Schießübungen im Wald der Dornhalde. Der gleichnamige Friedhof entstand erst 1974.

Das Schützenhaus der Garnison, das heute auf dem Blaustrümpflerweg, auf einem der schönsten Wanderwege auf Stuttgarts Höhen, die Blicke anzieht, ist 1880 erbaut worden. Es beherbergte die Wache und eine Wohnung für den Schieß-

Grabstein für die RAF-Terroristen auf dem Dornhaldenfriedhof.

platzaufseher. Längst steht das markante Haus, das im Besitz der Stadt ungenutzt verfällt, unter Denkmalschutz. Eine Bürgerinitiative will aus diesem Kulturdenkmal ein »Haus der Stille« machen. Zu den Plänen zählt, hier zwei Räume für Veranstaltungen und für ein Café zu nutzen und das Wohngebäude nebenan an Stipendiaten zu vermieten. Die Natur erfahren, innehalten und zur Ruhe kommen – eine hektische Großstadt kann dies gut gebrauchen.

Das Bunkerhotel unterm Marktplatz – einmal im Jahr darf jeder runter

Tägliche laufen Tausende darüber, wissen aber nicht, was sich unter dem Pflaster des Marktplatzes befindet. Hier unten haben Gäste aus aller Welt geschlafen – im Bunkerhotel, dessen Auslastung einst bei 80 Prozent lag. Auch Stuttgarts Nachkriegs-Oberbürgermeister Arnulf Klett zählte zu den Stammgästen. Er soll das Hotel immer wieder aufgesucht haben, wenn er zu tief ins Glas geschaut hatte.

Einmal im Jahr darf jeder nochmal runter. Bei der Langen Nacht der Museen sind Schlangen zum Eingang ins Unterir-

Frühstücksraum im Bunkerhotel unter dem Marktplatz.

dische sicher. Die Faszination ist groß, wenn es um das geht, was unter der Erde liegt. 30 Stufen führen in die Tiefe hinab, zu einem langen, engen Flur. Heute wellen sich hier Tapeten mit Blümchenmuster und erinnern daran, dass nach dem Krieg die Ansprüche nicht groß waren, aber man es trotzdem gemütlich haben wollte. Nicht jeder Gast fühlte sich aber wohl, wenn er in einem der engen und fensterlosen Räume lag. »Viele ließen das Licht beim Schlafen die ganze Nacht an«, erinnert sich Dieter Haur, der letzte Portier der im Oktober 1985 geschlossenen Marktplatz-Herberge. Für Menschen mit Platzangst war die Herberge, die nach dem Krieg im zerstörten Stuttgart das erste Hotel der Stadt war, der pure Stress. Einmal sei eine ältere Frau schreiend aus ihrem zweimal drei Meter großen Einzelzimmer gerannt. »Wir haben sie dann in einem Zimmer mit Doppelbett untergebracht«, berichtet Haur, »das war größer.« Auch wenn die Fenster fehlten, sei die Luft nicht schlecht gewesen, sagt Haur: »Die Lüftung hat immer gut funktioniert.«

Die zu Hotelzimmern umgebauten Schutzräume aus dem Zweiten Weltkrieg bildeten in Stuttgart das am längsten geführte Bunkerhotel Deutschlands. 100 Betten gab es hier. Der 1978 verstorbene Kabarettist Werner Finck, der 1948 die Kleinkunstbühne Mausefalle an der Tübinger Straße gegründet hatte, schrieb folgenden sinnigen Spruch ins Gästebuch: »Tief runtergekommen und doch auf der Höhe: das Bunkerhotel in Stuttgart.«

Die Notizen im Gästebuch sind Notizen der Zeitgeschichte. »Das erste Mal freiwillig im Bunkerhotel«, schrieb ein Gast, der die ursprüngliche Funktion des unterirdischen Bauwerks nicht vergessen hatte. In dem 1940 erbauten Tiefbunker fand die Bevölkerung Zuflucht beim Bombenalarm. Auf einer Grundfläche von fast 2000 Quadratmetern war Platz für 1080 Menschen – oft kamen aber fast dreimal so viele. Nach dem Krieg baute sich die Gastronomenfamilie Zeller mit diesem Hotel eine neue Existenz auf, nachdem ihre Gaststätte 1944 bei einem Bombenangriff zerstört worden war.

Rund um die Uhr war das Bunkerhotel besetzt, wie sich Portier Dieter Haur, ein gelernter Automechaniker, erinnert. »Wir hatten drei Schichten, von 6 bis 14, von 14 bis 22 und von 22 bis 6 Uhr.« Meist kamen Geschäftsleute, manchmal auch Touristen. »Wir hatten etliche Amerikaner.« Die Preise waren günstig: Zwölf D-Mark kostete das Einzelzimmer, 30 D-Mark das Doppelzimmer. Die vergleichsweise niedrigen Preise sorgten dafür, dass Damen der Nachbarschaft öfter mit Kundschaft stundenweise vorbeischauten. Auf dem heutigen Gelände des Schwabenzentrums befanden sich bis zum Abriss in den 1970ern die Bretterbuden eines Amüsierviertels, das unter dem einprägsamen Namen »Vereinigte Hüttenwerke« in die Stadtgeschichte eingegangen ist.

Als sich in den 1980ern der Konflikt zwischen den Westmächten und der Sowjetunion verschärfte, dachte man daran, das Hotel zu schließen und es wieder zum Bunker zu machen. Weitere Pläne folgten – ein Investor wollte etwa ein unterirdisches Ladenzentrum mit 14 Meter hohem Zugang bauen.

Doch alle Pläne waren der Stadt zu teuer. So steht das Bunkerhotel bis heute leer. Auf dem Marktplatz erinnern nur noch zwei Bodenplatten an das, was sich hier einst unter der Erde tat.

Das Alte und das Neue Schloss – Residenz im Doppelpack

Der Arkadenhof verbindet alle Flügel des Alten Schlosses miteinander.

Zwei Schlösser, direkt nebeneinander – wo gibt es so etwas ein zweites Mal? Im Herzen Stuttgarts, nur getrennt durch die Richard-von-Weizsäcker-Planie, stehen sich das Alte und das Neue Schloss direkt gegenüber. Sie als alt beziehungsweise neu zu bezeichnen, mag zwar nicht sonderlich originell erscheinen, doch könnten ihre Namen treffender kaum sein. Der betagtere Herrschaftssitz ist gar so alt, dass einem beim Betrachten des

wuchtigen Bauwerks eher Ritter in Rüstungen, als Damen in Reifröcken vor dem inneren Auge erscheinen.

Dass das Alte Schloss äußerlich einer Burg ähnelt, ist kein Zufall, denn als eine solche wurde es ursprünglich erbaut. Bereits im 10. Jahrhundert schüttete man an jener Stelle einen künstlichen Hügel auf, um auf ihm eine einfache hölzerne Wehranlage zu errichten. Erst als die Grafen von Württemberg nach 1311 Stuttgart zu ihrem Wohnsitz erkoren, ließen sie die Anlage mit massiven Mauern ausbauen und erweitern. Der Flügel in Richtung Karlsplatz - die so genannte Dürnitz - ist der älteste und größte Teil der alten Burg. Umgeben war die gesamte Anlage von einem Wassergraben, der nur über eine Zugbrücke aus Richtung des heutigen Schillerplatzes und der Planie betreten werden konnte.

Rund 240 Jahre verblieb die Burg in diesem Zustand, bis man an die Dürnitz schließlich einen Archivbau mit Dachgarten setzte und weitere Flügel - die Küche, Bad, Tanzsaal und Gästequartiere aufnahmen - sowie die markanten Türme errichtet wurden. Durch den abschließenden Bau der Schlosskirche war auch der neu entstandene Innenhof gänzlich umschlossen. Man bezeichnete die alte Burg nun zwar als Schloss, doch auch all die Ausbaumaßnahmen konnten seinen mittelalterlichen Charakter nicht verbergen. Aus diesem Grund leitete man Mitte des 16. Jahrhunderts mit dem Bau der prächtigen Renaissancearkaden im Innenhof die letzte große bauliche Veränderung ein.

Doch auch dieser kosmetische Eingriff konnte nicht verhindern, dass Stuttgart eineinhalb Jahrhunderte später der Adel davonlief. Württemberg war längst zum Herzogtum aufgestiegen, und für eine Residenz eines Herzogs schien dieses alte Gemäuer gänzlich unangemessen. 1704 ließ Herzog Eberhard Ludwig daher 20 Kilometer nördlich von Stuttgart den Grundstein für den Bau eines prächtigen Schlosses legen und ernannte 14 Jahre später das dadurch neu entstandene Ludwigsburg zur Residenzstadt. Dies war den Stuttgartern natürlich ein Dorn im Auge und so versuchten sie nach dem Tod des flüchtigen Herzogs, seinen Nachfolger zur Rückkehr zu bewegen.

Als Anreiz dafür, Stuttgart wieder zur Hauptstadt zu ernennen, schenkte die Stadt dem neuen Landesherrn – Herzog Carl Alexander – 10 000 Gulden für den Ausbau des Alten Schlosses. Tatsächlich machte dieser 1734 Stuttgart wieder zur Residenzstadt. Der neue Herzog verstarb jedoch bereits drei Jahre später, und auch sein Sohn Carl Eugen wollte keinesfalls im Alten Schloss leben. Noch immer wohnte dieser im Ludwigsburger Schloss und nicht in seiner Hauptstadt. Erst als Stuttgart 30 000 weitere Gulden für den Bau eines angemessenen herzoglichen Wohnsitzes in Aussicht stellte, lenkte Carl Eugen ein. 1746 wurde der Grundstein für das Neue Schloss gelegt. In all seiner Pracht sollte der Herzog es jedoch niemals erleben können, denn der Bau des Schlosses dauerte über 60 Jahre.

Eine solch lange Baugeschichte hinterlässt seine Spuren. Wer einmal aufmerksam um das Schloss herumspaziert, dem wird auffallen, dass seine Fassade alles andere als einheitlich ist. Zwar wurde es im barocken Stil geplant, doch waren aufgrund der langen Bauzeit gleich vier verschiedene Baumeister am Werk. Vom ersten Spatenstich an war Leopoldo Retti für den Mittelbau sowie für den reich geschmückten Gartenflügel verantwortlich.

Nach Rettis Tod 1751 übernahm der Franzose Philippe de La Guêpière das Ruder. Dieser ließ nun auch den Stadt- beziehungsweise Planieflügel errichten und passte ihn dem zeitgenössischen Geschmack an. Seine Fassade sollte nun wesentlich schlichter und mit weit weniger Ornamenten auskommen. Im November 1762 brannte der bereits fertiggestellte Gartenflügel gänzlich aus, und als der Wiederaufbau ins Stocken geriet, warf auch de La Guêpière das Handtuch.

Nun sollte es Baumeister Nummer drei richten. Reinhard Ferdinand Fischer trieb zunächst den Ausbau des Mitteltrakts und des Planieflügels voran. Doch auch unter seiner Regie mussten die Bauarbeiten aus finanziellen Gründen immer wieder unterbrochen werden und so konnte das Schloss erst unter Nikolaus Friedrich von Thouret als viertem Hofbaumeister mit dem Wiederaufbau des Gartenflügels 1807 fertiggestellt werden.

Wenn sich aber das höfische Leben nun im »neuen« Schloss abspielte, was sollte dann mit seinem »alten« Nachbarn geschehen? Als in den 1770er-Jahren die ersten Räumlichkeiten im Neubau bezogen werden konnten, siedelte sich unter anderem ein Erziehungsinstitut für adelige und wohlhabende bürgerliche Mädchen in der ehemaligen Burg an. Das Alte Schloss war nun zu einer Art Nebengebäude des Neuen Schlosses geworden und so richtete man dort zusätzlich Wohnräume für den Hofstaat ein und schaffte Platz für die Arbeitsräume der Hofämter. Das alte Gemäuer hatte sich somit zu einem Büro- und Wohngebäude gewandelt. 1899 ließ König Wilhelm II. zudem ein Armeemuseum einrichten.

Ein Museum ist das Schloss bis heute geblieben. Es gibt wohl keinen passenderen Ort in der Stadt, der die bewegte Ge-

Das Neue Schloss dient häufig als Kulisse für Feste und Konzerte – wie hier beim Sommerfest.

schichte des Landes widerspiegeln könnte. Daher beherbergt das herrschaftliche Haus seit Jahrzehnten das Landesmuseum Württemberg.

Wie so viele andere bedeutende Bauwerke in Stuttgart blieben auch die beiden Schlösser im Bombenhagel des Zweiten Weltkriegs nicht verschont. Das Alte Schloss hatte im 20. Jahrhundert sogar eine richtige Pechsträhne. Im Dezember 1931 brach im Dürnitzbau ein Feuer aus. Da unter dem Dach die Kohlevorräte lagerten und die Zwischenböden mit Getreidespelzen gefüllt waren, verwundert es nicht, dass sich der Brand schnell ausbreitete. Der komplette Schlosstrakt brannte bis zum Erdgeschoss aus. Der Wiederaufbau dauerte bis in die Kriegsjahre hinein. Noch ehe dieser beendet werden konnte, wurde das Alte Schloss bei Luftangriffen 1944 schwer beschädigt und brannte nun fast gänzlich aus. Abermals begann man mit dem Wiederaufbau, der erst nach 25 Jahren beendet werden konnte. Beide Brände hatten jedoch einen einzigen Teil des Gebäudes nie betroffen: Die Schlosskirche aus dem 16. Jahrhundert hatte beide Katastrophen unbeschadet überstanden.

Im Falle des Neuen Schlosses waren nach den Bombardements lediglich Teile der Außenmauern erhalten geblieben. Im Landtag spielte man daher mit dem Gedanken, die Ruine abreißen zu lassen und beispielsweise durch einen Hotelneubau oder ein Einkaufszentrum zu ersetzen.

Bei Stimmengleichheit – und durch massive Proteste der Bevölkerung – entschlossen sich die Abgeordneten nur knapp für den Wiederaufbau, der von 1958 bis 1965 dauern sollte. Die Fassade wurde größtenteils originalgetreu rekonstruiert. Im Innern hingegen wurden lediglich im Mittelbau Räume und Säle wiederhergestellt sowie im Planieflügel der Weiße Saal, um sie für repräsentative Zwecke nutzen zu können.

Scheint die nahe Zukunft des Alten Schlosses mit der Nutzung als Landesmuseum recht gewiss, so sieht dies bei seinem neueren Nachbarn anders aus. Ein Wunsch der Stadt ist es seit Langem, das Neue Schloss – das im Besitz des Landes ist – zu einem »Bürgerschloss« zu machen. Abwegig ist diese Vorstellung nicht, wurde das Residenzschloss doch direkt nach dem Ende der Monarchie 1918 zu einem Museum und war somit allen Bürgern zugänglich. Eine mögliche neue Nutzung wie für ein Café, ein Restaurant, eine Galerie, für Wechselausstellungen oder ein Museum schwebten bereits im Raum. Bisher scheinen die Bürokraten des Finanz- und des Kultusministeriums – die im Schloss »residieren« – jedoch noch an ihren Stühlen zu kleben. Das geschichtsträchtige Bauwerk als Bürogebäude und seinen Innenhof als Parkplatz für die Landesangestellten zu nutzen, erscheint vielen Bürgern jedoch als reichlich dekadent. Das Schloss mitten im Zentrum der Stadt solle allen zugänglich sein, so die Meinung der Stadt. Auch wenn der aktuellen »Politik des Gehörtwerdens« die Finger in den Ohren zu stecken scheinen, das letzte Wort zum Bürgerschloss wurde wohl noch nicht gesprochen.

Die erste Waldorfschule – wo man das Namentanzen erfand

Dass ausgerechnet Zigaretten einer esoterischen Weltanschauung zu einer eigenen Schulform verhelfen sollten, mag zunächst einmal sonderbar klingen. Doch genau dies geschah vor fast 100 Jahren im Stuttgarter Osten. Der Unternehmer Emil Molt gründete 1906 an der Hackstraße die Waldorf-Astoria-Zigarettenfabrik. Als Namensgeber für seine Firma wählte er den weltbekannten Unternehmer Johann Jakob Astor. Der Name klang nach Reichtum und Luxus. Astor wurde 1763 im badischen Walldorf geboren und wanderte später nach Amerika aus. Dort schaffte er es durch Pelz- und Immobilienhandel, zu einem der reichsten Männer der Welt zu werden. Auch die Waldorf-Astoria-Hotels (und damit auch der Waldorf-Salat) tragen seinen Namen.

Rund zehn Jahre nach Molts Firmengründung beschäftigte er bereits 1000 Mitarbeiter. Die Bildung der Kinder seiner Angestellten lag dem Unternehmer sehr am Herzen und so beschloss er, eine betriebseigene Schule zu gründen. Emil Molt war ein Anhänger der noch recht jungen anthroposophischen Lehre des österreichischen Esoterikers Rudolf Steiner. Dieser hatte bereits 1907 eine Schrift über die Erziehung des Kindes veröffentlicht, und in diesem Sinne wollte Molt die Kinder unterrichtet wissen. Steiner war von dieser Idee sehr angetan und übernahm persönlich die Ausbildung des Lehrerkollegiums. Im September 1919 war es schließlich so weit: Die erste Waldorfschule der Welt – die als Betriebsschule den Namen der Zigarettenfabrik tragen sollte – nahm den Unterricht auf. Die auf der Uhlandshöhe gelegene Bildungseinrichtung war zudem die erste Gesamtschule Deutschlands und war mit ihrer geschwungenen, organischen Architektur das Vorbild für alle zukünftigen Waldorfschulen. Davon gibt es aktuell weltweit immerhin mehr als 1000 Stück, welche vor allem in Deutschland, den USA und in den Niederlanden vertreten sind. Weniger erfolgreich als sein Schulprojekt war jedoch Emil Molts Tabakfabrik.

Als diese nämlich Ende der 1920er-Jahre in finanzielle Schräglage geriet, war der Unternehmer gezwungen, seine Fir-

Auf der Uhlandshöhe im Osten der Stadt befindet sich noch heute die erste Waldorfschule der Welt.

ma an einen Konkurrenten zu verkaufen, der die Produktion in Stuttgart wenig später einstellte. Die Zigarettenmarke wird auch heute noch unter dem Namen Astor von der Hamburger Firma Reemtsma produziert.

Der Waldorfschule hatte die Firmenpleite ganz und gar nicht geschadet, denn längst war sie zu einer festen Größe im deutschen Bildungssystem geworden. So thront das »Original« noch heute hoch über den Dächern Stuttgarts und ist bequem über eine Staffel erreichbar, die zu Ehren des Gründers der Bildungseinrichtung Emil Molts Namen trägt.

Das Schweinemuseum – der größte Saustall der Welt

In Stuttgart kann man einfach mal die Sau rauslassen. Von Schweinereien ist dabei jedoch abzuraten, wenn man sich dabei nicht einsauen möchte. Wussten Sie, wie viele Redewendungen und Sprichwörter sich um das quiekende Borstentier drehen? Erika Wilhelmer kennt sie alle.

In Form eines Museums hat sie dem Schwein in all seiner Vielfalt ein Denkmal gesetzt. Die Liebe zu diesem Tier nahm sie 1989 zum Anlass, in Bad Wimpfen ihr eigenes Schweinemuseum zu eröffnen. Alles rund um die grunzenden Gesellen war hier zu finden. Die Sammlung wuchs stetig weiter, bis 1992 sogar das Guinness-Buch der Rekorde vorbeischaute und Wilhelmer bescheinigte, dass es sich bei ihrem Saustall um das größte Schweinemuseum der Welt handelte.

Da die Sammellust der Schweine-Närrin keine Grenzen kennt, stieß die Ausstellungsfläche langsam an ihre Grenzen. In Stuttgart fand man schließlich die passende Immobilie für einen Neuanfang im Stadtteil Gaisburg und so erfolgte 2010 der Umzug. Ironischerweise sollten die über 50 000 Exponate ausgerechnet im ehemaligen Schlachthof auf rund 600 Quadratmetern Ausstellungsfläche eine neue Heimat finden. Doch nie zuvor hatte je eine Sau unter diesem Dach sein Leben lassen müssen, denn in dem über 100 Jahre alten Gebäude in der

Im Verwaltungsbau des alten Schlachthofs hat sich das weltweit einzige Schweinemuseum angesiedelt.

Schlachthofstraße 2a war lediglich die Verwaltung der einstigen Schlachterei untergebracht.

Ob Plüsch, Gold, Holz, Porzellan oder Glas – es scheint keine Sau der Welt zu geben, die es nicht in einen der 28 Themen- und Sonderausstellungsräume im Stuttgarter Schweinemuseum geschafft hat. Das größte Exponat ist dabei die ausgemusterte, rosafarbene Säuli-Tram aus Basel, die im Sparschwein-Look fast 22 Jahre durch die Straßen der schweizerischen Stadt rumpelte. Nun parkt der Straßenbahnwagen mit Schweinsgesicht direkt vor dem alten Schlachthaus und wirbt für die Artgenossen im Museum.

Erika Wilhelmer und ihre Familie waren in Stuttgart jedoch auch vor dem Kauf des Hauses in Gaisburg keine Unbekannten. Sie sind vor allem für ihre Gastronomiebetriebe bekannt und betreiben auch ein Restaurant im Alten Schlachthof. Da die Liebe zum Schwein offensichtlich auch durch den Magen geht, stehen hier auch Schweinshaxe und Spanferkel auf der Karte. Saulecker!

Bildnachweis

Patrick Mikolaj: Seite 10, 15, 16, 18, 21, 23, 26, 35, 37, 42, 49, 51, 53, 62, 67, 70, 73, 75, 78, 83, 85, 93, 94, 97, 100, 103, 106, 136, 138, 139, 142, 145, 150, 154, 157, 159, 166, 169, 172, Umschlagrückseite.

Denis Apel: Seite 117.
Archiv Silberburg-Verlag: Seite 65.
Uwe Bogen: Seiten 31, 119.
Büro Richling: Seite 109.
Büro Stähle: Seite 113:
Büro Stuttgart 21: Seite 30.
Büro Topas: Seite 131.
Daimler AG: Seite 56.
Geromüller: Seite 114.
Kings Club: Seite 127.
Kostas Koufogiorgos: Seite 153.
LANG-FILM, Stuttgart / www.aeffleundpferdle.de: Seite 111.
La Plapper Papp: Seite 129.
Lokalteil Verlag: Seite 147.
Movienet Film Verleih GmbH/Wolfgang Schmidt: Seite 123.
Feroze Omardeen: Seite 2.
Thilo Parg: Seite 163.
Leif Piechwoski: Seite 135.
pjt: Seite 140.
Maks Richter: Seite 90.
Christof R. Sage: Seite 133.
Schweinemuseum Stuttgart: Seite 174.
SMG/Bernhard Stegmann: Seite 28.
Stadt Stuttgart: Seite 33.
Strotmann: Seite 99.
Stuttgart-Album: Seite 39, 46, 59, 164.
Stuttgarter Ballett: Seite 87.
Charles C. Urban: Seite 12.
Weltweihnachtscircus: Seite 121.